Non à la décadence

Du même auteur

aux Éditions Albin Michel

L'Ardeur nouvelle
1986

Que demande le peuple
1992

Tous pour la France
1999

Charles Pasqua

Non à la décadence

Albin Michel

22, rue Huyghens, 75014 Paris

www.albin-michel.fr

ISBN 2-226-13095-0

« Dans la guerre comme dans la paix, le dernier mot est à ceux qui ne se rendent jamais. »

Georges Clemenceau

1

L'olivier, mon moulin et l'Europe

L'huile est dorée, encore trouble, avec un reflet légèrement vert. Je la laisse couler sur un morceau de pain que l'on vient de rôtir et dont la chaleur semble naturelle. En savourant cette première huile, j'observe notre moulin, et le savant parcours des olives juste cueillies.

Elles se bousculent, roulent le long des boyaux en bois pour arriver au pressoir. La pâte faite de leur chair est mise sur les scourtins de raphia que l'on place par couches successives sous la presse.

Avant même que celle-ci soit mise en route, par simple gravité, l'huile commence à sourdre, pour devenir un flux dès que la presse est actionnée.

Elle passe dans une première cuve où l'eau élimine les déchets, puis dans une seconde où, séparée de l'eau, elle coule enfin, après la pression à froid, qui lui donne toute sa saveur. Toute la famille a assisté à ce rite et partagé cette émotion. Nous avons refait les gestes que tant de générations ont faits avant nous tout au long des siècles.

Cette huile sur mon pain me fait songer au travail du boulanger, le pétrin et le four qui font écho au moulin à huile et au pressoir. J'accompagne mon pain croustillant et huilé d'un verre de vin et voilà le travail du vigneron qui s'ajoute à ma petite création.

Le pain, l'huile, le vin, en quelques instants un geste banal a reconstitué la trilogie fondamentale de la civilisation méditerranéenne, le blé, l'olivier, la vigne, celle qui a fait la puissance de Rome, celle qui a porté la Renaissance, celle qui a construit ce rapport de l'homme à la nature que l'on nomme communément la culture.

Corse par mes origines mais né en Provence, je suis fier de la terre où je suis né et c'est, je crois, parce que j'aime le Midi que j'aime la France et parce que j'aime mon pays que j'aime le monde. Flamand, j'aurais commencé ce livre par la couleur du houblon, Breton par la saveur salée des embruns, Lorrain par l'odeur mouillée des forêts. Tous les hommes de culture et d'ouverture que j'ai rencontrés aimaient les autres civilisations parce qu'ils avaient profondément compris et senti celle de leurs origines.

Comme beaucoup de Français, j'aime cette culture matérielle, issue de notre vieille civilisation agraire, j'aime mon moulin à huile, j'aime cette huile qui coule, juste pressée, et je n'aime pas que l'on m'interdise ce que j'aime.

À celui qui voudrait comprendre le pourquoi de mon combat politique, de mon engagement en 1999 dans la campagne européenne, de celui qui commence dans l'élection présidentielle dans quelques mois, au lecteur qui lit sans doute ces lignes pour avoir cette réponse, je pourrais donner bien des explications.

Chacun des chapitres de ce livre en sera une, mais la première est peut-être la plus fondamentale, car il y a dans les gestes spontanés, dans les réactions de colère, dans l'instinct de survie, quelque chose de profond et de vrai. Quand j'ai entrepris mon combat pour l'Europe des Nations, l'Europe fédérale avait condamné les moulins à huile à la destruction parce que le bois n'était pas suffisamment hygiénique pour des technocrates qui n'avaient peut-être jamais vu une olive hors d'un bocal.

Depuis des siècles, avant comme après la naissance du Christ, ces moulins de bois avaient fait couler cette huile où or et émeraude semblaient se mêler, l'alliance du bois et du fruit disait plus de choses sur la civilisation que bien des longs discours, et il faudrait faire disparaître tout cela au profit de l'inox et de l'aseptisé. Au nom de quoi et dans quel but a-t-on ainsi entrepris de détruire ce qui fait la beauté de notre pays ? Au nom de quoi et dans quel but a-t-on ainsi lancé la plus grande machine à « emmerder » les Français qu'ait connue une histoire administrative pourtant prolixe et inventive en diable à cette fin ?

Pour les citoyens, la belle idée d'Europe est

devenue cette bureaucratie qui leur interdit de vivre comme ils l'entendent. L'Europe s'occupe de réglementer la taille des fauteuils de tracteurs dans le but honorable, j'imagine, d'harmoniser la taille des postérieurs des agriculteurs. Elle veut nous interdire de manger des fromages au lait cru parce que les pays du Nord les considèrent comme dangereux pour la santé, avis que nous ne partageons pas. Le lendemain, la même Europe veut imposer à tous le régime alimentaire crétois parce qu'il réduit les risques cardio-vasculaires grâce à l'huile d'olive. Le surlendemain, elle réglemente l'utilisation des congélateurs pour les produits de la chasse aux rennes en Finlande, quand bien même un congélateur par moins trente degrés apparaît une technologie... redondante.

Cette folie réglementaire n'est pas seulement la version du nouveau millénaire du style administratif qui oscille naturellement entre Kafka et Courteline. Elle procède d'une double cause : une erreur d'appréciation sur ce que doit être un marché libre et une absence de vision politique qui laisse proliférer l'initiative administrative.

C'est au nom de la libre concurrence et de l'harmonisation économique que l'Europe réglemente à tout va. Ce faisant, elle usurpe une référence libérale qui n'est pas la sienne.

Le libéralisme, en effet, ce n'est pas l'organisation du pouvoir des lobbies pour favoriser les grands groupes financiers et brider l'initiative individuelle, ce n'est pas la généralisation de la contrainte, ce ne sont pas ces réglementations tatillonnes qui découragent nos artisans, nos agriculteurs ou nos marchands forains. Au lieu de favoriser la constitution d'un marché libre et diversifié où les arbitrages seraient guidés par le goût des consommateurs, les directives obéissent à une fuite en avant vers un marché uniformisé et aseptisé. Bruxelles a réussi le tour de force de faire oublier que l'économie libérale repose sur la concurrence et l'avantage comparatif et non pas sur le monopole et la standardisation.

Cet état de fait ne procède pas seulement d'une dérive technocratique, par ailleurs avérée et qui fait que réglementent le marché des gens qui n'ont jamais connu la réalité des échanges et de la production. Il est le résultat direct d'une vision abstraite de l'Europe coupée de ses réalités populaires et nationales.

Et c'est l'autre raison pour laquelle l'Europe actuelle n'est pas libérale. Elle ne l'est pas parce qu'elle impose la construction d'un État fédéral et d'une monnaie unique alors que rien n'implique que la fluidité du marché doive reposer sur la disparition des identités nationales.

C'est cette même abstraction qui fait et continuera inévitablement à faire tous les malheurs de l'euro, monnaie qui a cru pouvoir précéder, mieux même, contraindre le politique et dont la faiblesse reflète l'immaturité. En faisant reposer l'euro sur le pouvoir irresponsable d'une Banque centrale coupée tant de l'économie réelle que de tout contrôle démocratique, on a fait de la monnaie européenne une référence fantôme. La monnaie est le fruit d'une cohérence politique et d'une force économique, elle ne peut pas en être la matrice.

C'est l'ambition hâtive et furtive des fédéralistes qui a suscité la monnaie unique, elle a été l'instrument d'un dessein politique artificiel et partisan. Rien, ni sur le plan économique ni sur le plan politique, ne justifiait une telle démarche, purement idéologique.

L'Europe a besoin d'une volonté politique, elle n'est nourrie que par une chimère fédéraliste. C'est l'extrême degré d'abstraction de cette dernière qui explique l'extrême degré de réglementation qui nous condamne à l'uniformité. Le modèle fédéraliste suscite chaque jour des sacrifices concrets pour justifier son existence. Comme l'abstraction communiste, par son idéal impossible à atteindre, nourrissait une bureaucratie étouffante qui justifiait son action par la progression, incontrôlable et invérifiable, dans la réalisation de l'idéal, l'abstraction fédéraliste nourrit la normalisation qui empoisonne la vie quotidienne des Français.

Les responsables politiques ayant renoncé à toute volonté, la machine folle continue à fonctionner ; les seuls qui semblent se rendre compte de cette incongruité sont les peuples. Quand on les consulte, ils disent, comme les Danois et les Irlandais l'ont fait, comme les Français ont failli le faire en 1992 lors du référendum sur le traité de Maastricht, « non ». Ce « non » n'est pas le signe d'un repli nationaliste frileux, c'est la voix du bon sens, c'est le refus instinctif du prêt-à-penser, de l'idéologie qui veut changer la réalité lorsque celle-ci n'est pas conforme à son schéma préétabli.

On me reproche souvent de dire « non », mais sans ce « non », impossible de remettre l'Europe sur pied, impossible de refonder une vraie Europe des réalités, des peuples et des Nations, celle à laquelle je crois.

Depuis le traité de Maastricht, l'Europe fait fausse route en essayant d'imposer aux nations un carcan juridique (le droit communautaire), un marché unique uniformisé et des institutions quasi fédérales. C'est le triomphe de la supranationalité qui est devenue l'axe de l'idéologie dominante et c'est, dans le même temps, son échec dans les faits car on ne peut pas gommer ainsi les réalités nationales. Pour bien comprendre pourquoi l'Europe est dans une impasse, il faut détailler le fonctionnement de ses principales instances.

La Commission, indépendante des États, est l'outil essentiel de la supranationalité. Exécutif de fait de la Communauté, elle est à la source même de toutes les politiques européennes au lieu d'être le simple exécutant de la volonté des politiques.

La Commission détient de considérables pouvoirs, elle est devenue un véritable gouvernement mais elle échappe à tout contrôle démocratique. Nommé pour cinq ans par les États avec l'accord du Parlement européen, son président est quasiment intouchable et irresponsable. Les vingt commissaires agissent de manière autonome sans hiérarchie, sans véritable contrôle. On comprend mieux pourquoi le pouvoir réel appartient aux fonctionnaires européens dont la toute-puissance n'est limitée que par l'influence des lobbies économiques et syndicaux.

Dans un tel contexte, les politiques communautaires ne peuvent qu'être ultra-technocratiques, normatives, niveleuses. Pour ces gens qui déterminent notre vie quotidienne, les notions de volonté populaire, de bon sens, de contrôle démocratique n'ont absolument aucun sens. Voilà pourquoi, à la table de M. Prodi, Kafka dîne aussi souvent avec Ubu !

Le Conseil des ministres qui, au départ de la construction européenne, était l'instance de décision politique – souvenez-vous de la chaise vide laissée par la France de De Gaulle avant d'aboutir au compromis de Luxembourg – se retrouve dans une position subordonnée à l'égard de la Commission. En pratique, il décide – le plus souvent à la majorité, de plus en plus rarement à l'unanimité – de suivre ou non les propositions de la Commission. Le moteur n'est plus dans le Conseil des ministres qui représente les gouvernements légitimes, mais dans la Commission, qui ne représente que la technocratie européenne et ses 20 000 fonctionnaires. Par manque de volonté et de moyens, il n'est plus que la chambre d'enregistrement de la Commission ou la caisse de résonance des désaccords européens.

Ce glissement essentiel du pouvoir au sein des institutions européennes s'est fait de façon insidieuse et continue sans que jamais on n'explique aux peuples qu'ils ont changé de maîtres.

Il faut dire que ceux qui étaient censés les représenter, les parlementaires européens, ont vite compris qu'il valait mieux être du côté du manche et rivaliser avec la Commission au service de la supranationalité.

Commission et Parlement se sont emparés du pouvoir et ont marginalisé le Conseil des ministres dans les États. Voilà la réalité européenne d'aujourd'hui.

Singulière institution que ce Parlement européen que j'ai découvert depuis mon élection en 1999. Partagé entre Bruxelles et Strasbourg, il organise ses travaux dans le but évident d'éviter tout débat de fond et de marginaliser tous ceux qui ne participent pas de l'idéologie supranationale dominante. Jamais une opposition ne se verrait accorder aussi peu de moyens d'action et d'inflexion des politiques dans un Parlement national.

Au Parlement, le véritable pouvoir réside au sein des seize commissions qui jouent un rôle actif, et très technique, de contrôle de la Commission et du Conseil mais sans véritable perspective politique. Là aussi, d'ailleurs, l'essentiel du pouvoir appartient aux fonctionnaires du Parlement.

Pour le reste, ce Parlement européen est une caricature de l'idéologie européiste. Une majorité de fait allie socialistes et démocrates-chrétiens qui communient dans la même foi dans le marché unique et la pensée unique. Singulière chambre qui glorifie le libéralisme mais multiplie les réglementations avec gourmandise. Singulière chambre qui sanctifie les droits de l'homme mais ne les voit qu'à travers le prisme de l'idéologie de gauche bien-pensante.

Les Français ne savent d'ailleurs pas ce que les élus de 1999 ont fait de leurs mandats et une petite incursion dans la géographie des groupes politiques est fort instructive. Si socialistes et communistes sont dans leur groupe européen respectif, il est amusant de constater que les amis de M. Chevènement siègent avec les socialistes dans un groupe hyperfédéraliste et ceux de Mme Laguiller et de M. Krivine avec les communistes. UDF, RPR et DL, qui s'escriment en France à nous expliquer leurs différences, siègent ensemble dans le groupe démocrate-chrétien. C'est avec un mélange de tristesse et d'ironie que je vois les élus du RPR, qui osent encore se réclamer du Général de Gaulle, siéger sur les mêmes bancs que les héritiers de Lecanuet.

Mais pourquoi ne fusionnent-ils donc pas ces trois partis interchangeables et toujours prêts à sacrifier la France à la supranationalité ? La course à l'Élysée implique des écuries distinctes mais Chirac, Madelin et Bayrou, comme Jospin d'ailleurs, porteront la même casaque bleue aux étoiles jaunes et il leur faudra beaucoup de talent et d'hypocrisie pour faire croire aux Français qu'elle est aussi tricolore.

Soyons juste, la place prise dans ce Parlement européen par ceux qui se réclament du souverainisme n'est pas conforme à mes espérances. Les amis de M. Le Pen cohabitent dans un groupe technique avec... des gauchistes italiens, et certains de ceux élus grâce à mon nom nous ont quittés et se condamnent à l'impuissance des non-inscrits ou d'un groupe sans ligne ni cohérence politiques. Phénomène classique du scrutin de liste qui incite aux combinaisons et aux reniements, sans parler des petites ambitions personnelles.

Un point de satisfaction néanmoins, que je dois signaler au lecteur, c'est d'avoir réussi à maintenir, avec les amis restés fidèles au RPF, un groupe qui a une cohésion politique puisqu'il rassemble cinq partis de cinq pays différents qui ont tous une vision critique de l'Europe actuelle et qui ont tous vocation à gouverner dans des coalitions gouvernementales de droite.

Irlandais, Italiens, Portugais, Danois et nous-mêmes avons donc réussi à construire une force internationale (l'Alliance pour l'Europe des Nations) qui commence à montrer que l'Europe n'est pas condamnée à la fausse alternance centre-gauche / centre-droit dans laquelle les grands partis voudraient l'enfermer. De cela, bien sûr, la presse française, qui s'est régalée de nos querelles intestines, n'a point parlé, de même qu'elle n'a rien dit des marques d'amitié et de solidarité que m'ont prodiguées mes amis étrangers que leurs responsabilités dans des partis de gouvernement n'ont jamais empêchés de démontrer la force de notre union.

Mon intention, en effet, n'a jamais été de jouer au nationaliste minoritaire, condamné au splendide isolement, contemplant avec satisfaction son nombril. Il y a dans ce qu'on appelle parfois le « souverainisme » cette tentation nombriliste, mi-esthétique, mi-névrotique, qui s'est emparée de certains de mes ex-partenaires politiques. Cela n'a jamais été mon genre de beauté.

Si j'ai créé le RPF, si j'ai voulu l'Alliance pour l'Europe des Nations, c'est bien pour donner à la France la chance de construire une autre Europe. Elle est possible, elle est réalisable, elle est raisonnable et nécessaire car le temps du splendide isolement n'est plus. On peut le regretter, comme le disait Charles de Gaulle de la marine à voile, mais c'est un fait. Le rôle de l'homme d'État, c'est de prendre acte des faits et d'en tirer une vision plus haute et plus ambitieuse de l'avenir. Autour de moi, hélas, je ne vois que des hommes politiques qui ont renoncé à observer, et parfois même à comprendre, les choses telles qu'elles sont. Eh bien alors, les Français ont raison de penser qu'ils ne servent plus à rien.

Pour marquer le changement dans l'orientation de la construction européenne, je propose que soit adoptée une charte de l'Europe des États qui préciserait quelles sont les ambitions politiques de l'Europe et quelles sont les réformes qu'elle adopte pour que ses institutions soient enfin respectueuses des peuples.

Pour que l'Europe s'unisse, pour que ses peuples se rapprochent, il faut que l'Europe propose une grande ambition. Croit-on sérieusement que le marché unique et l'euro soient des causes mobilisatrices ? Les fédéralistes sont tellement idéologues qu'ils pensent, sans doute sincèrement, que des moyens techniques suffisent à mobiliser les énergies, que le but est dans le chemin, que l'euro fait l'Européen comme l'habit le moine. Ils me rappellent ces cadres de l'Union soviétique qui pensaient que le bonheur du peuple était assuré par le fait qu'« ils construisaient le socialisme » !

Non, le cœur de l'Europe a besoin de battements puissants. Il faut expliquer pourquoi l'on veut construire l'Europe. Avant toute chose, construire l'Europe n'a un sens que si c'est pour qu'elle soit indépendante, qu'elle constitue une force originale sur laquelle les peuples du monde pourraient s'appuyer pour échapper à tout modèle, économique, politique ou religieux, qui prétendrait à la suprématie mondiale. Imagine-t-on ce qu'une Europe indépendante pourrait faire pour la paix au Proche-Orient, pour le développement de l'Afrique, pour appuyer les libertés de conscience contre l'intégrisme musulman ?

Moi que l'on présente souvent, à tort, comme

un nationaliste franco-français, je propose qu'un référendum soit organisé en même temps dans tous les pays européens sur la question de l'indépendance de l'Europe. Et je souhaite que les peuples répondent « oui, nous voulons une Europe indépendante » et alors, alors seulement, je croirai dans les chances de l'Europe parce que j'aurai entendu la voix du peuple européen pour la première fois.

Au lieu de cela, l'Europe reste sous l'étroite influence américaine, ferrée qu'elle est par la Grande-Bretagne et par l'Allemagne. Pour sortir de cette impasse géopolitique, deux axes peuvent être utilisés : la voix des peuples et la coopération renforcée entre pays méditerranéens, seul moyen pour la France d'équilibrer l'influence anglo-saxonne aujourd'hui dominante.

Que l'on ouvre les yeux, l'Europe que l'on construit n'est qu'un décalque de l'OTAN avec, à la clef, deux terribles erreurs stratégiques : la mise à l'écart de la Russie, sans laquelle il n'y a pas d'équilibre européen, et l'entrée programmée de la Turquie, c'est-à-dire de plus de soixante millions de musulmans en Europe. J'imagine la surprise des observateurs des siècles prochains et la difficulté qu'ils auront à comprendre qu'une Europe construite par les démocrates-chrétiens ait laissé faire un tel contresens. Je leur donne par avance la clef explicative : l'Europe supranationale a été l'œuvre des centristes démocrates-chrétiens et atlantistes, leur deuxième caractéristique a toujours été plus prégnante que la première.

Si elle se décide à afficher cette ambition nouvelle et à affirmer son indépendance – et ce n'est pas un hasard si le parti que j'ai fondé s'appelle Rassemblement pour la France et l'Indépendance de l'Europe – l'Europe devra réformer ses institutions.

Il faut faire du Conseil européen la pierre angulaire du fonctionnement de l'Union, la source de toute impulsion politique, dont les décisions s'imposeraient aux autres institutions communautaires, y compris les organes en charge de la monnaie commune ou du droit européen.

Il faut introduire, dans les traités qui fondent l'Union, une clause de souveraineté qui permettrait à un État, pour une raison d'intérêt vital, de refuser en ce qui le concerne d'appliquer une décision prise sans son accord. Ainsi cesserait-on, sans doute, de considérer notre Constitution, loi suprême de notre volonté nationale, comme un brouillon qu'il convient de modifier à chaque avancée de la supranationalité.

Il convient également de remettre la Commission à sa place, c'est-à-dire à une place subordonnée. Elle ne doit exister que pour mettre en œuvre les décisions du Conseil européen et du Conseil des ministres. Il est donc logique que le président de la Commission soit responsable devant le Conseil européen et qu'il soit révoqué, comme tout haut fonctionnaire peut l'être, s'il n'applique pas correctement les instructions du Conseil. Conséquence de cette responsabilité, la Commission devrait s'organiser selon un principe hiérarchique qui permette la transmission de l'impulsion politique venue d'en haut et la soumission des technocrates. Cette remise sur pied des institutions est urgente, sinon, les choses étant ce qu'elles sont, je propose que les Français au lieu de voter pour tel ou tel candidat à l'élection présidentielle de 2002 inscrivent directement le nom de M. Prodi sur leurs bulletins de vote.

Enfin, l'Europe qui conviendrait aux peuples ne peut fonctionner qu'en mettant en avant et en clarifiant deux principes fondamentaux : la subsidiarité et la flexibilité.

La subsidiarité, c'est la répartition des compétences entre les États et la Communauté. Elle fonctionne aujourd'hui pratiquement à l'envers. Pour un fédéraliste, en effet, l'État national doit être dépouillé au maximum de ses pouvoirs alors que la vraie subsidiarité ne délègue à l'Europe que ce que les pouvoirs nationaux ne peuvent pas faire. Pour moi, la compétence de principe appartient aux États qui peuvent déléguer, mais jamais abandonner, tel ou tel aspect de leur souveraineté pour davantage d'efficacité.

La flexibilité, c'est une action européenne engageant un nombre limité d'États membres. Elle est aujourd'hui soumise à une procédure complexe et à l'accord de la Commission. Elle devrait pouvoir être mise en œuvre avec souplesse en la faisant reposer sur le seul volontariat des États. C'est notamment la clef de la mise en œuvre d'une ambitieuse politique méditerranéenne et ce sera le passage obligé si l'on veut qu'une Europe élargie à 26 ou 30 États soit autre chose qu'une zone de libre-échange et ait encore un sens politique.

Soit on entreprendra cette grande réforme européenne et on sauvera l'Europe, soit on restera dans l'impasse supranationale et on aura tué l'idée européenne qui sombrera dans les conflits et, peut-être, les violences.

Dans une Europe des Nations faite de responsabilité politique, de recours à la voix des peuples par le référendum européen, de subsidiarité et de flexibilité, j'entrevois une nouvelle ambition pour notre continent, un nouvel espoir pour les peuples du monde et la garantie que l'huile pourra venir du moulin en bois et le pain de l'artisan boulanger. Cette Europe ouverte sur le monde, compétitive et active, mais respectueuse de nos identités et de nos modes de vie, est possible, elle est même la seule qui mérite que l'on se batte pour qu'elle vive.

2

Le refus

En ce printemps 1944, je viens d'avoir dix-sept ans et, dans l'autocar qui me conduit à Nice, j'essaie d'oublier le présent dangereux en comptant les arbres qui bordent la route. Je suis plongé dans une comptabilité rêveuse et compliquée par la classification en fonction des espèces rencontrées. Satisfait de ce dérivatif, bercé par les chaos de la petite route, mon esprit s'embrume comme la poussière de la route estompe le paysage.

Soudain, à l'entrée du pont du Var, l'autocar est arrêté par un barrage de SS. Je reviens brutalement à la réalité, elle n'est pas brillante. Les Allemands entreprennent de fouiller le car et font descendre les voyageurs. Impossible de me débarrasser du paquet que je transporte. Il contient des photos d'ouvrages fortifiés et des relevés topographiques concernant la côte varoise. Sous les yeux d'un gendarme français qui fait office d'interprète, après avoir poussé mon petit paquet aussi loin que possible de ma place dans le porte-bagages je descends sur le bas-côté où je me vois déjà fusillé dans quelques minutes. Le car est fouillé. Tous les bagages sont descendus et ouverts. Cette fouille n'ayant rien donné, nous allons être autorisés à remonter dans le bus lorsqu'un jeune officier s'interpose et procède à une dernière fouille. Il trouve le petit paquet que j'avais déposé. Il le lit : « envoi de M[e] X, notaire à Grasse, à M[e] X, notaire à Nice », tout cela agrémenté de magnifiques cachets de cire rouge. Il hausse les épaules, repousse le paquet et donne ordre aux passagers de rembarquer. J'ai une pensée pleine de reconnaissance pour mon camarade de réseau, Raymond Dupont, qui avait eu l'idée de cet emballage ! Je lui dois certainement la vie.

Le voyage reprend tranquillement mais je resterai sur le qui-vive jusqu'à mon arrivée – après de multiples détours – à la centrale du réseau où je remets les documents. J'ai eu chaud ! Ainsi va la vie avec ses aléas et ses impondérables, votre heure semble fixée au prochain carrefour, mais un petit sursaut du destin vous autorise à poursuivre votre chemin.

Plusieurs anecdotes du même type ont jalonné ma vie et, en bon Méditerranéen, je crois que les choses sont écrites. Dieu a voulu que je survive à des temps difficiles qui ont emporté de plus prudents comme de plus téméraires que moi. J'ai toujours pensé que je lui devais d'utiliser à bon escient et pour les autres ce crédit de vie. La guerre et la Résistance ont été, évidemment, de formidables leçons pour ma vie, elles ont éclairé ma jeune conscience sur la nature humaine et j'ai toujours eu plus de facilité à retenir les leçons du bien que celles du mal.

Inspiré par l'exemple de mon père et de ma famille, la Résistance était pour moi un acte aussi naturel que la politesse pour un enfant bien élevé. Chez nous le patriotisme était un principe, si peu discuté qu'on pouvait le croire inné.

La France était occupée par les Allemands, il fallait libérer le pays et chasser l'occupant. Le Général de Gaulle avait le premier montré la voie, il fallait le suivre, je commençai adolescent un chemin que je n'ai jamais quitté.

Cet instinct de la France, que je dois à mon milieu familial et à mon éducation, ne m'a jamais trompé. J'ai fait des erreurs, j'ai commis des maladresses, je regrette des appréciations mais jamais je ne me suis trompé sur l'intérêt vital de mon pays. Je n'en suis pas fier car, encore une fois, c'est instinctif. Qu'en est-il de la liberté et de la souveraineté de la France ? Voilà ma question-boussole, elle vaut tous les grimoires idéologiques et toutes les réflexions savantes.

Lorsque je m'interroge a posteriori sur ces années de la Résistance et de la collaboration, lorsque je pense à des garçons courageux dévoyés dans la Milice, lorsque je vois des intellectuels brillants vautrés dans la fraternisation avec l'ennemi, je me félicite d'avoir eu sur moi ma « petite boussole ».

Regardez l'année 1942 sans ce repère patriotique et vous voyez face à face en Europe la puissance nazie et la puissance stalinienne. Impossible de choisir entre deux systèmes qui rivalisent si affreusement dans le totalitarisme et le mépris de l'homme. Si vous adoptez une grille de lecture idéologique vous êtes condamnés à l'erreur (l'Allemagne, rempart contre le bolchevisme) ou à l'inaction. La seule clef, elle est patriotique, la seule question, elle est nationale. Quel est l'état de mon pays ? Occupé, il faut le libérer. Par qui est-il occupé ? Par les Allemands, il faut donc se battre contre eux et accepter comme alliés tous ceux qui les combattent, communistes compris.

Cet instinct de la France ne m'a donc jamais quitté, il m'a fait toujours suivre le Général de Gaulle. Pendant la guerre, comme en 1947 à la fondation du RPF, lorsqu'il fallait lutter à la fois contre la menace communiste et les abandons politiciens de la IVe, comme en 1958, lorsqu'il fallait reconstruire le pays, comme en 1968, lorsqu'il importait de sauver la République de la subversion.

Mais jusqu'en 68, la politique ne fut jamais mon métier. Était-elle ma passion ? Oui si on l'identifie à la volonté farouche de servir l'idéal national, non s'il s'agit des jeux compliqués qui ravissent tant de Machiavel au petit pied.

J'ai gardé des combats de la Résistance, de ceux du RPF où il fallait donner de la voix et parfois du poing pour s'imposer face aux perturbateurs de gauche, de ceux des débuts de la Ve où nos vies étaient menacées par les activistes d'Algérie, des souvenirs forts. Il m'en reste un goût mêlé de passion et d'aventure. Il m'en reste une nostalgie intacte des amitiés d'alors car nous étions, les uns pour les autres, de vrais compagnons.

Le souvenir politique le plus fort reste celui de Mai 68, peut-être parce que j'étais alors un homme mûr, qui avait assez bien réussi, comme on dit, dans la vie et que mes certitudes se sont trouvées confrontées à une curieuse dépression générale de la volonté.

Le pouvoir est cueilli à froid par les premières manifestations alors même que le Général de Gaulle est en visite en Roumanie et que Georges Pompidou se trouve en Afghanistan. Tout au long du mois, il ne parviendra pas à combler cette faiblesse psychologique initiale. J'ai assisté, médusé, à la décomposition subite de l'État – la réplique ne vient pas et une troublante atonie générale laisse le champ libre aux initiatives gauchistes. Seuls Michel Debré, Maurice Schumann, Marie-Madeleine Dienesch, Pierre-Charles Krieg et quelques rares autres responsables saisissent la nécessité d'une réaction forte et prennent la vraie mesure des choses. Au gouvernement même, Pierre Messmer, ministre des Armées, est un des rares à tenir le choc.

J'ai alors organisé, avec d'autres, le mouvement de ceux qui voulaient résister à la chienlit et qui avaient compris qu'il fallait faire appel à l'opinion publique tétanisée par les initiatives gauchistes. Avec Jacques Belle, directeur de cabinet de Robert Poujade, secrétaire général de l'UNR, nous rédigeons le premier tract en ce sens. Nous l'intitulons « Alerte » et, pour montrer le véritable enjeu de la bataille qui commence, nous le signons « Comité pour la Défense de la République » puisque c'est bien elle qui est menacée, et comme personne ne se bouscule pour nous accueillir nous demandons et obtenons du Général de Gaulle l'autorisation de nous domicilier dans sa maison au 5 rue de Solférino !

Ainsi sont nés, le 7 mai, les CDR qui n'étaient d'abord qu'une signature au bas d'un tract et qui vont disputer le pavé parisien aux extrémistes de gauche.

Comme au temps de la « République en danger », nous assistons à l'amalgame entre les vétérans de la France Libre et les Marie-Louise, car très nombreux sont les jeunes qui avec mon fils refusent la pensée courte des gauchistes et qui soutiennent avec ardeur le Général. La grève générale le 13 mai, le gouvernement provisoire proposé par Mitterrand le 28 nous confortent dans l'idée que seule une grande manifestation de soutien peut sauver le régime. Nous trouvons chez les militants de nos sections d'entreprises et chez nos compagnons de l'ORTF, dont Michel Anfrol, des soutiens efficaces et précieux.

Le départ du Général, le 29 mai, plonge le monde politique dans l'expectative. Mais nous, nous ne doutons pas : nous sommes persuadés que de Gaulle va revenir et qu'il va reprendre l'initiative.

La gauche confirme sa volonté de s'emparer du

pouvoir. Mendès France se déclare prêt à diriger le gouvernement provisoire proposé par Mitterrand, Lecanuet indique qu'il est prêt à se rallier à ce processus. Tout confirme que, quelques années après avoir, à tort, écrit *Le Coup d'État permanent,* M. Mitterrand souhaite passer aux travaux pratiques pour son propre compte et contre la République légitime.

Les plus résolus insistent pour que soit organisée une grande contre-manifestation. Georges Pompidou y reste opposé et le préfet de police trouve l'idée stupide.

Je pense, au contraire, qu'elle est excellente et que seule la rue peut arrêter la révolution. Il faut tarir le fleuve à la source. La force de notre conviction finit par s'imposer : la manifestation aura lieu le 30 mai.

Nous mobilisons alors tous nos réseaux. Les CDR comptent 20 000 adhérents qui forment le cœur de l'organisation. Avec Foccart, on étudie le minutage de l'opération. Le Général a prévu de parler le 30 mai à 20 heures. J'indique que l'heure est mal choisie car elle est trop tardive par rapport à la manifestation de l'après-midi. Il faudrait que le Général parle à 16 heures pour que la voix de la France entraîne les Français, comme elle l'a si souvent fait dans l'Histoire.

Lorsque la veille de cette manifestation, donc le 29 mai, les dirigeants gaullistes sont réunis rue de Solférino, l'ambiance est encore au doute : « Si nous sommes 100 000... », dit l'un, « et si nous ne sommes que 5 000 ? » hasarde un autre. Pour moi le succès du lendemain est une évidence.

Le 30 mai à 15 heures depuis les Invalides commence notre mouvement vers la Concorde. Avant même le discours du Général sur les ondes, la foule se rassemble. Dès 15 h 30, des dizaines de milliers de manifestants emplissent la place de la Concorde. Quand le Général parle, nous sommes déjà 200 000, les drapeaux tricolores, fournis par le ministère des Anciens Combattants et par les mairies d'arrondissement, ont redonné à Paris ses vraies couleurs, celles de la France. Cette marée humaine se met en marche, mon épouse sera elle-même un des innombrables porte-drapeaux.

Le discours du Général (« En tout cas, partout et tout de suite, il faut que s'organise l'action civique ») jette littéralement le peuple dans la rue. De tous les quartiers, de toutes les banlieues, des rivières de manifestants confluent pour former un immense fleuve de plus d'un million de personnes.

Avant que la manifestation ne s'ébranle, un commissaire de la préfecture de police s'inquiète auprès de moi : est-ce que nous tiendrons nos troupes ? Elles se tiendront d'autant mieux qu'elles sont là pour défendre la liberté et l'ordre républicains. Sans elles, la République serait condamnée à mourir.

À la hauteur de l'Élysée, l'immense cortège gronde un « de Gaulle n'est pas seul » qui résonne encore dans mon cœur. Le défilé, interminable, va durer des heures, il semble aussi long que cette ancestrale fidélité à la France qu'incarnent, ensemble, le Général de Gaulle et le peuple de notre pays. Jamais la gauche n'a rassemblé et ne rassemblera une telle foule.

Le combat de rues était terminé, nous l'avions gagné grâce à la foi tenace de nos militants et grâce à l'instinct profond du pays. Après l'annonce par le Général de la dissolution de l'Assemblée nationale, nous allions le gagner politiquement pour les mêmes raisons. De Gaulle et le peuple, à nouveau réunis, avaient sauvé la République et la liberté.

C'est aussi dans ces circonstances que le mouvement gaulliste me demande pour la première fois de me présenter aux élections législatives, à Levallois. Je serai amené quelques années plus tard à quitter la société que je dirigeais pour commencer ce que je ne pensais pas être, mais alors pas du tout, une carrière (je n'aime pas le mot, surtout dans cette matière) politique.

Plus de trente ans après, je garde de ces souvenirs, dont une mémorable fatigue transcendée par une grande joie, des leçons que je crois toujours actuelles.

L'affaissement, la veulerie, la lâcheté de certains de ceux qui devaient pourtant tout au Général m'avaient donné une idée précise, humainement palpable, physiquement terrible de ce qu'avait dû être la débâcle de 1940 et de ce qui pourrait être demain l'effondrement du pays face à une menace nouvelle.

Le sursaut, le courage, la foi de ceux qui n'ont

pas renoncé, et qui étaient souvent les sans-grade du régime, épaulés par quelques hommes d'État, m'ont rappelé ce que, tout jeune, j'avais connu dans la Résistance.

Le drame contemporain éclaire toujours d'une lumière vraie les drames du passé. Mais il donne aussi son sens à l'avenir. Or, depuis 68, la droite française n'a pas compris cette magistrale leçon de l'Histoire : on ne gagne en politique qu'en étant soi-même et en entraînant par sa foi l'âme de notre peuple.

Celui-ci attendait alors que nous affirmions nos valeurs, notre attachement à la sécurité, à la liberté, au mérite, à une morale des comportements en société. Hélas, il vit une classe politique à la remorque de la mode, tétanisée par l'idée d'être classée dans la droite réactionnaire, incapable de penser et de réagir à l'époque de décadence que nous traversons.

La gauche eut beau jeu, en utilisant habilement la classe médiatico-culturelle, de surfer sur la vague soixante-huitarde et de poursuivre la subversion systématique des valeurs nationales. Ayant perdu sa base ouvrière et ses lumières, espoirs et argent venus de l'Est, le parti communiste lui-même finit par entrer dans le jeu et on vit ses dirigeants s'essayer, eux aussi, aux délices de la mode, au grand désarroi des militants sincères.

Parce que je n'ai jamais été dupe de ce système, parce que ma fréquentation de la classe politique parisienne ne m'a jamais détourné de mon goût pour les valeurs profondes, je suis souvent l'ennemi à abattre pour une certaine caste qui fait son miel de cette décadence qui s'accompagne à merveille de l'argent roi.

Je me souviens, avec un mélange d'ironie et d'irritation, de la campagne que je dus subir après une de mes initiatives au ministère de l'Intérieur en 1987. Place Beauvau, outre les directions de la police nationale, des préfectures et de la sécurité civile, bien connues du public, se trouve également une direction des libertés publiques, chargée notamment des autorisations et des interdictions relatives aux publications. Pour justifier son action de censure, n'ayons pas peur des mots, j'organise « une exposition de l'horrible » qui présente les plus viles publications, souvent importées, où s'étalent des scènes atroces de zoophilie et de pédophilie. Ce qui était œuvre de salubrité publique fut l'objet d'une attaque en règle au nom du respect de la liberté de publier. Peu nombreux furent mes collègues du gouvernement à me soutenir, la majorité d'alors courbait la tête au lieu d'être fière de cette action de morale élémentaire.

Pour moi, la liberté, conformément à la Déclaration des droits de l'homme et aux enseignements de la philosophie des Lumières, s'arrête à celle d'autrui. Comment peut-on défendre des images dégradantes d'enfants sacrifiés et humiliés par des pratiques sadiques au nom de la liberté ? Il y a dans le « il est interdit d'interdire » de 1968 un lugubre appel à faire reculer la civilisation au profit d'un état sauvage, dur au plus faible, propice au plus fort.

Cette volonté de subvertir toutes les normes m'apparaît comme la démarche la plus réactionnaire qui puisse s'imaginer. Il faudrait tout un livre pour en énumérer les effets ravageurs depuis l'impunité dont jouissent les délinquants jusqu'à l'interdiction « morale » faite aux autorités de réglementer les « rave parties » où s'organise un libre marché de la drogue.

L'armée, l'Église (les Églises chrétiennes plus que les religions extra-européennes et plus que les sectes d'ailleurs), l'école, la culture, la patrie, l'œuvre historique de la France dans le monde, rien n'échappe au rouleau compresseur qui aplanit les perspectives et casse les repères.

Toute hiérarchie, toute norme doit être abattue. Ainsi s'impose le modèle du « tout culturel » qui met sur le même plan un rappeur et Mozart, un provocateur et Céline, un barbouilleur et Rembrandt. Comment s'étonner ensuite que notre jeunesse désorientée recherche parfois dans des expériences périlleuses, extrêmes et destructrices les repères et les bornes que l'on n'a pas eu la charité de lui indiquer.

Il n'y a pas de vie collective possible, a fortiori pas d'harmonie sociale envisageable, sans morale. La République, lorsqu'elle en était encore une, l'avait bien compris et diffusait par ses « hussards noirs » une morale laïque mais que l'on pouvait facilement traduire en morale chrétienne.

Sur le tableau noir, la journée commençait par le cours de morale où il y avait plus d'humanisme, plus de fraternité et plus d'espoir que dans toutes les conférences libertaires et tous les manifestes révolutionnaires.

Dans la vie, en politique comme ailleurs, rien ne se construit, surtout pas une personnalité humaine, sans notion du Bien et du Mal. Pour l'avoir oublié, depuis quarante ans, notre République roule vers l'abîme et la classe politique applaudit au désastre quand elle ne l'encourage pas. Par un tour de passe-passe idéologique, on a transformé la référence à une société de respect de l'autre en nostalgie de l'ordre moral, on a fait de la tolérance une référence unique et totalitaire alors qu'elle ne prend son sens humaniste qu'en équilibre avec les autres valeurs sociales.

Dans un tel tohu-bohu, si le peuple ne reçoit aucun signe, si personne ne lui dit que la décadence n'est pas inéluctable, si personne ne l'assure que la loi de la jungle n'a pas triomphé, il ne pourra que s'abandonner à la plus grande pente.

C'est peut-être cela que je reproche le plus aux supposées élites de ce pays : d'avoir abandonné leur mission de rigueur pour les prébendes de la mode et de la facilité. Elles n'ont pas seulement renoncé à la France, elles ont renoncé à tout, sauf à leur confort personnel. Quant à leur conscience, quant à leur responsabilité à l'égard des générations qui viennent, je préfère être à ma place plutôt qu'à la leur.

Tout mon combat politique est là. Aujourd'hui

comme hier, face à la subversion, face à la désinformation, face à une minorité agissante mariant la mode et le terrorisme intellectuel, il y a toujours une capacité de réponse et une opportunité de vaincre.

La foi dans la France, la fidélité à la Nation restant les seuls antidotes aux malheurs du temps, elles sont les valeurs cardinales et sacrées d'où procèdent toutes les autres. La première tâche de mon gouvernement sera de les remettre à l'honneur.

3

L'Empereur et le Général

Je viens de terminer les deux romans, *La Bataille* et *Il neigeait*, que Patrick Rambaud a consacrés à l'épopée napoléonienne. En littérature, même si mes goûts me portent aux classiques, je suis curieux de tout mais avec un penchant naturel, peut-être professionnel en fait, vers tout ce qui touche à l'Histoire.

Napoléon, je ne surprendrai personne en l'avouant, me fascine. Une certaine familiarité corse m'aide à comprendre certains ressorts mais là n'est pas l'essentiel. L'essentiel est l'énormité de ce destin, l'immensité de ce bruit et de cette fureur, si bien rendue par Rambaud.

Les marxistes ont voulu nous faire croire que les structures commandaient aux hommes et que l'histoire politique n'était qu'une superstructure soumise aux forces économiques et sociales : singulière restriction du mouvement de l'Histoire et inadmissible réduction de la liberté de l'Homme !

Napoléon épouse la modernité naissante, lui fait de multiples enfants, engrosse l'Europe entière et diffuse, dans une traînée de poudre et de sang, la Révolution dans le vieux continent. Transition vivante entre les Lumières et le romantisme, il me fascine peut-être plus par son œuvre pacifique que par ses superbes victoires.

Car enfin, l'« invention » des préfets, des grandes écoles, du Conseil d'État, du Code civil, de la Légion d'honneur, etc., et leur pérennité sont les plus beaux témoignages des fruits de l'intelligence et du travail appliqués au gouvernement.

La solidité de la formation de Napoléon et l'ampleur de ses lectures furent traduites par cette superbe intelligence en solutions cartésiennes aux problèmes de son temps.

Il y a dans sa passion à agir, à transformer, à réformer un puissant plaidoyer pour l'homme d'État. De même, sa volonté de synthèse entre Révolution et Ancien Régime, de réformes capables de refermer les plaies béantes de la guerre civile signalent le grand politique. Sa passion pour la France et son sens du peuple sont des évidences, et c'est d'ailleurs en s'éloignant de son peuple pour rassurer les possédants qu'il signera sa perte lors des Cent-Jours.

Si Napoléon est pour moi un héros écrasant mais nécessairement lointain, de Gaulle est le seul héros que j'ai eu la chance de voir et de connaître. Bien des points communs pourraient d'ailleurs être trouvés entre nos deux grands hommes : vision syncrétique du passé au service de l'avenir du pays, prodigieuse capacité de travail, goût et sens de la réforme structurelle, volonté de transcender le clivage monarchie république, voilà bien des axes qui relient gaullisme et bonapartisme et qui sont, à mes yeux, autrement plus intéressants que la banale référence à la « droite autoritaire », qui ne veut pas dire grand-chose et qui fait passer à côté de l'essentiel : un art de gouverner pour servir la France.

Chacun le sait, sans le Général je n'aurais pas fait de politique et je n'écrirais pas ces lignes. Depuis mon adolescence dans la Résistance, je suis gaulliste donc actif et entreprenant. Suis-je le représentant raréfié d'une race en voie d'extinction ? Suis-je le candidat naturel des vieux nostalgiques ? Je ne le crois pas, sincèrement, et pas seulement à cause des jeunes, nombreux, qui m'entourent et partagent mon sentiment. Il me faut ici expliquer ce que j'appellerai l'ambiguïté du gaullisme en ce début de nouveau millénaire. Pourquoi peut-il sembler mort et pourquoi est-il en fait, au-delà de ma modeste personne, vivant et conquérant ?

Le gaullisme a été victime de deux phénomènes apparemment contradictoires : l'excès de critiques et l'excès de louanges.

Tant que le gaullisme a été le fer de lance de la majorité et qu'il tenait ainsi le parti socialiste et la gauche hors d'atteinte du pouvoir, il a été l'objet d'une contestation haineuse de leur part. Les choses ont commencé à changer sous la présidence de Valéry Giscard d'Estaing, lorsque le pouvoir s'est identifié à une droite classique et que l'argument antigaulliste devenait moins pertinent dans la stratégie des socialistes.

Mais il faut se souvenir que de l'après-guerre à la fin des années 70, le gaullisme a été l'épouvantail des partis institutionnels, tout particulièrement ceux de gauche. Que ce soit au temps du RPF (1947-1952), au temps de l'UNR ou de l'UDR, la gauche présentait le gaullisme comme un fascisme rampant et le Général de Gaulle comme un émule de Franco, ce qui ne manque pas de sel quand on connaît l'histoire de la Seconde Guerre mondiale. Moi-même j'ai eu souvent l'honneur de recevoir ce crachat suprême de la gauche, l'épithète de « fasciste ». Pour moi qui avais risqué ma vie contre le totalitarisme, cela a été toujours un puissant stimulant d'être ainsi insulté par des gens à qui j'accordais suffisamment d'inconscience, d'aveuglement ou de sottise pour ne pas parvenir à les mépriser. Car les gaullistes d'alors n'avaient pas une once de mauvaise conscience ou de sentiment de culpabilité, comme la gauche aime à l'instiller chez l'adversaire ; nous étions fiers, à juste titre, de notre passé dans la Résistance ou dans la France Libre et fiers de participer au relèvement du pays au côté du Général.

Les attaques pernicieuses de la gauche n'avaient pas prise sur nous et cela, l'opinion publique le sentait et savait d'instinct où était l'intérêt de la France et où étaient les intérêts des partis et des politiciens.

C'était l'époque où Mitterrand jouait les démocrates bâillonnés, où les communistes faisaient encore le coup de poing, où les politiciens qui n'avaient pas rallié le régime rêvaient de démanteler cette Ve République qui avait enlevé aux partis la maîtrise du jeu politique et espéraient ramener la France dans les courants atlantistes et supranationaux dont elle s'était résolument écartée.

Après la disparition du Général de Gaulle et de Georges Pompidou, qui avait su maintenir l'essentiel, on a donc assisté à un travail de sape systématique des institutions de la Ve République, à une revanche lente et progressive de la classe politicienne contre une Constitution et un régime qui avaient su la remettre à sa place.

La IVe République avait mis douze ans, de 1946 à 1958, pour porter le pays au bord de l'abîme et de la guerre civile. De Gaulle et Pompidou donnèrent à la France une stabilité de seize ans, de 1958 à 1974. Voilà donc vingt-sept ans que nous avons repris le chemin du déclin, de 1974 à 2001. L'élection de 2002 est la chance qu'il nous reste pour arrêter le fatal processus.

L'affaiblissement de la République se lit dans toutes ses dérives. La loi, c'est-à-dire la règle de la vie collective, n'est plus à la place qui doit être la sienne. Outre sa complexité, son foisonnement, son instabilité, elle est de plus en plus dominée par le droit et la jurisprudence.

Cette évolution trahit le recul du politique, et donc de la volonté populaire, devant une nouvelle noblesse de robe. Ainsi s'explique le rôle inédit du Conseil constitutionnel qui, de garant du respect de la séparation entre loi et règlement, est devenu instance supérieure au législateur, qui, de juge de touche, est devenu arbitre tout-puissant. Ainsi s'explique la soumission de la loi nationale à l'égard des directives européennes, d'origine technocratique, reflet du renoncement général à la souveraineté.

L'autorité de l'État a été systématiquement abaissée. Elle est bafouée chaque jour dans nos banlieues mais aussi dans nos villes, grandes ou petites, et dans nos campagnes où ses représentants, policiers, gendarmes ou pompiers, portant uniformes ou n'en portant pas, professeurs ou personnels sociaux, sont devenus les cibles des voyous.

L'État, soumis au lobbying des associations et des groupes d'intérêt, devient une machine à produire du consensus au lieu d'indiquer où est l'intérêt général. Perdu dans la confusion d'une décentralisation mal assumée, il voit ses attributions démembrées au profit d'autorités administratives indépendantes et d'observatoires divers et variés qui, indépendants de l'État, sont dépendants de tout le reste et qui n'ont ni légitimité démocratique ni responsabilité devant quiconque.

La figure emblématique de ce naufrage de nos institutions, c'est bien sûr la cohabitation. Justifiée par Giscard d'Estaing dès 1977, lorsqu'il expliquait qu'il se maintiendrait si la gauche gagnait les élections législatives l'année suivante, appliquée par Mitterrand à deux reprises (1986-1988 ; 1993-1995), elle a été institutionnalisée par Jacques Chirac depuis 1997.

Qui plus est, Chirac l'a fait dans la moins gaulliste des configurations : cohabitation longue après dissolution de l'Assemblée et défaite de la majorité présidentielle.

Cette cohabitation, telle la rouille sur le métal, a complètement dénaturé nos institutions. En enlevant au Président ses pouvoirs essentiels, la cohabitation a fait de la clef de voûte de nos institutions une simple pierre dans le jardin du Premier ministre.

Depuis 1997, elle a donné lieu à des épisodes pittoresques oscillant entre le grotesque et l'odieux. Grotesques, la course permanente aux télégrammes de félicitations ou de condoléances, la bousculade pour être le premier sur les lieux d'un événement heureux ou catastrophique. Odieuse, la scène du « prends-moi en photo » lors de la dernière cérémonie commémorative du 18 juin au Mont-Valérien. En les voyant se comporter ainsi dans un endroit si plein de grandeur recueillie, en se souvenant de ce qu'était le 18 juin du temps de De Gaulle, on mesure tristement le chemin parcouru vers la décadence. Je compte sur les Français pour donner en 2002 la leçon qui s'impose à des attitudes qui, chez l'un comme chez l'autre, trahissent une propension majeure à oublier leur rang et leurs devoirs.

Cet exécutif à deux têtes, ce monstre au sens propre du mot, est peut-être plus gênant encore quand il étale ses vaines luttes lors des sommets internationaux. Parce que la France est une, elle ne peut parler que d'une seule voix : cette vérité simple suffit, à elle seule, à condamner la cohabitation.

Nos institutions sont ainsi devenues une coquille vide, soumises à l'instabilité, réformées sans cesse dans une logique opportuniste dont la réduction à cinq ans du mandat présidentiel est le dernier avatar. Sous l'apparent maintien de la référence à la Ve, s'est reformé un système politique classique, soumis aux partis, aux politiciens professionnels et aux clientèles.

Le financement public des partis politiques a d'ailleurs permis à ceux-ci de verrouiller le système et d'empêcher l'émergence de nouvelles formations qui viendraient perturber le jeu des acquis. Sait-on que le parti que j'ai créé en 1999, qui avait enregistré le plus fort score de l'opposition au scrutin européen, ne bénéficie pratiquement d'aucune subvention ? En effet, la subvention publique a deux sources : elle est générée par le nombre de parlementaires du parti et par les voix obtenues au scrutin législatif, et à lui seul.

Les parlementaires, sensibles à leur réélection, donc à leur investiture, quittent rarement un parti installé pour un parti naissant et les élections législatives nécessitent beaucoup de moyens pour obtenir des voix. La boucle est ainsi bouclée et le système est bien fermé sur lui-même. Il favorise les grands partis institutionnels et, aussi, les petites boutiques qui, avec 2 ou 3 % des voix, permettent à quelques féodaux de régner sur leur petit fief. Le système porte en lui ce qui commence à apparaître, à gauche comme à droite, la sclérose et la balkanisation, c'est-à-dire les conditions mêmes de la politique réduite aux combinaisons d'appareils.

Un gaullisme institutionnel ainsi dénaturé ne retient plus l'attention ; réduit aux apparences, il perd toute valeur ; dans ces moments-là apparaît généralement un liquidateur...

Comme dans tous les enterrements, les louanges ont succédé aux critiques : dès lors que le gaullisme n'était plus un danger pour la gauche et les centristes et, au-delà, pour le système politicien tout entier, on pouvait tresser des couronnes de laurier à celui que l'on avait tant attaqué. On a vu tous ceux qui avaient passé leur jeunesse ou leur âge mûr à vilipender le Général faire référence à lui : Mitterrand lui-même, comme Mauroy, comme Chevènement, etc.

En se généralisant, la référence gaulliste se banalise, se démonétise, se dépolitise en fait. Ses adversaires l'étouffent en l'embrassant, ses partisans continuent à agiter la croix de Lorraine en trahissant sur presque tous les sujets le message du Général. Le résultat, c'est aussi l'état actuel du RPR, parti de notables et de technocrates, vidé de sa substance populaire, sans idéal ni projet, qui attend, par souci électoraliste, la fusion de toutes les droites dans une formation mi-libérale, mi-conservatrice dont le seul programme est « virer la gauche pour que nous prenions les places ». Dans un tel contexte de conviction et de sincérité, Nicolas Sarkozy me semble très bien placé... Lui ou un autre, d'ailleurs, peu importe. En effet, ramenés à leur vraie nature, les politiciens sont interchangeables car ils n'ont pas et ne veulent pas avoir prise sur le destin d'un pays auquel ils ne croient plus. Les Français l'ont bien compris, ils en changent à chaque élection, ou ne votent plus, écœurés qu'ils sont.

Alors le gaullisme serait bel et bien mort, la classe politique l'aurait tué et il me faudrait moi aussi renoncer et partir faire autre chose.

Raisonner ainsi, c'est faire une erreur, commise précisément par la classe politique elle-même, sur la nature du gaullisme.

Si une forme politique du gaullisme, incarnée par le RPR, est bien morte, le gaullisme, comme le phénix, peut renaître de ses cendres car c'est une façon d'être et de s'engager qui est aussi vieille que la France et qui dépasse même la haute stature du Général de Gaulle.

Lorsque j'écris que le gaullisme est immortel, ce n'est pas par foi naïve, c'est parce que le gaullisme a existé bien avant de Gaulle et qu'il existera tant qu'un Français aura le souci de la France dans son cœur.

Le Général répondait un jour à un ambassadeur qui s'étonnait d'une position du gouvernement français : « Mais, monsieur l'ambassadeur, cela fait mille ans que je vous le dis », façon d'exprimer une continuité française dont le Général était le dépositaire à un moment de l'Histoire et dont d'autres porteraient ensuite l'auguste fardeau. La même idée apparaît dans la fameuse boutade du Général : « Tout le monde a été, est ou sera gaulliste », c'est-à-dire se reconnaîtra dans une philosophie de l'action, tout entière mise au service de la France.

Parce que je suis profondément gaulliste, ma philosophie politique est dominée par deux principes : la volonté, qui génère la pensée et l'action, qui est première, qui peut et doit agir sur l'Histoire, sinon l'existence humaine n'a pas de sens ; et le progrès qui est le mouvement dans lequel l'action doit s'inscrire, ce qui me démarque du conservatisme classique.

Pour la société française, il n'y a ni progrès ni bonheur possibles sans réussite d'un destin collectif, c'est-à-dire de la Nation. Or, l'Histoire est tragique et le destin de la France n'est pas assuré. Comme l'écrit le Général, « toute notre Histoire c'est l'alternance des immenses douleurs d'un peuple dispersé et des fécondes grandeurs d'une Nation libre groupée sous l'égide d'un État fort ».

Le gaullisme est une doctrine de rassemblement, la France est fragile, il faut donc éviter ce qui la divise non pas grâce à un consensus mou mais grâce à un grand élan. Cela a deux conséquences majeures pour le passé et pour le présent.

Pour le passé, il faut accepter et même revendiquer toute l'Histoire de France, telle qu'elle est, et ne la juger qu'à l'aune des services rendus à la France. Il ne faut pas opposer monarchie et république, république et empire, colonisation et décolonisation, mais assumer la totalité de l'Histoire avec ses ombres et ses grandeurs.

Ainsi, je trouve odieuse la polémique récurrente sur l'action de notre armée en Algérie ; il ne faut pas utiliser l'Histoire pour culpabiliser et diviser la Nation : il faut la voir telle qu'elle est et ne pas la confondre avec un cours de morale primaire.

Pour le présent, cela veut dire que le gaullisme ne peut pas se reconnaître seulement dans telles idées de gauche ou de droite ou dans les intérêts de tel ou tel secteur de la société. Il faut se méfier tout autant du corporatisme des partis et des syndicats que du comportement égoïste des possédants. Il faut opposer aux uns comme aux autres la dignité et l'autorité de l'État, c'est-à-dire l'intérêt du pays qui n'est pas l'addition des intérêts des différentes catégories de Français. Chacun doit se retrouver dans l'intérêt général et non l'inverse.

Alors oui, je suis de droite parce que la gauche socialiste a tout fait pour saboter et salir l'œuvre du Général de Gaulle ; oui, je suis de droite si la droite c'est le sens de la Nation et de l'État, le respect de l'autorité, la récompense du mérite, la confiance dans le bon sens populaire, la défense des valeurs patriotiques et morales ; mais je ne suis pas de droite si la droite c'est le service du monde de l'argent-roi, du matérialisme généralisé, de la préservation des privilèges immérités.

Rassembler, voilà mon but essentiel. Rassembler au service de la France pour lui permettre de tenir son rôle dans le monde, rôle d'équilibre, rôle d'ouverture vers le tiers-monde, rôle culturel et de civilisation.

La façon d'être de la France, sa façon de penser, de concevoir le rapport au politique, sa conception du droit doivent enrichir le monde et éviter de le livrer à la seule vision anglo-saxonne. Aussi suis-je très heureux du nom que j'ai donné au mouvement politique que je préside : Rassemblement pour la France – car là est le moyen vital – et pour l'indépendance de l'Europe – car là est le but du nouveau siècle.

C'est pourquoi la France ne doit pas renoncer à sa souveraineté, qu'elle ne peut pas se diluer dans une Europe fédérale sous l'hégémonie américaine qui dissoudrait la spécificité française ; c'est pourquoi il lui faut des institutions solides, un chef d'État éclairé, une volonté souveraine mise au service de l'Europe des Nations.

Pour cela, certains ont désigné mon combat du qualificatif de « souverainiste », pourquoi pas ; mais il s'agit bien de gaullisme tel que je l'entends, c'est-à-dire de ce combat pour la France et pour l'indépendance européenne dont la souveraineté n'est qu'une condition, improductive si elle n'est pas mise au service d'une volonté de réforme profonde de notre pays et de notre Europe.

En 2002, les Français ne doivent pas se tromper sur la gravité du choix qu'ils auront à faire, au-delà des palinodies des deux prétendants qui se partagent l'exécutif actuellement. Le présent hésite : l'affirmation de la France ou son déclin ; la volonté rassemblée des Français ou leurs divisions stériles ou, pire, leurs affrontements violents ; l'État qui assume sa mission ou la poursuite de la décadence d'ores et déjà engagée.

Parce que le gaullisme naît, comme pendant la guerre, quand naît la résistance au renoncement, je crois sincèrement et immodestement le faire renaître aujourd'hui.

Je me fais, je l'avoue, violence pour oser écrire cela. Je ne me prends ni pour Napoléon ni pour de Gaulle mais, synthétisant la référence à mes deux héros, je suis comme le grenadier Flambeau dans *L'Aiglon*, je reprends le drapeau laissé à terre parce qu'il faut, au moment où s'annoncent les grands périls, quelqu'un pour proposer aux Français de renoncer au renoncement.

Pour la première fois de ma vie, je dis « je ». Auparavant, je disais « nous » car ma volonté et ma force étaient des éléments dans la force collective du compagnonnage gaulliste. J'avais mis toute ma fougue à hisser Jacques Chirac sur le pavois ; avec d'autres je voyais ses qualités de courage, d'enthousiasme, de capacité à entraîner, je surestimais sa constance et ses convictions, je sous-estimais sa propension à subir les influences et à l'hésitation. Cela dit, jamais je ne l'aurais cru capable d'un tel reniement de notre patrimoine politique.

Une explication me vient souvent à l'esprit. J'ai connu jusqu'en 1988 un Chirac combatif et convaincu ; lorsqu'il a été battu en 1988, cela était profondément injuste car nous avions mené de 1986 à 1988 une bonne politique, rigoureuse économiquement, courageuse idéologiquement et nous avions réussi à entamer sérieusement la dictature intellectuelle et morale de la gauche.

En 1988, j'en suis convaincu, Chirac aurait triomphé de tous les Jospin de l'époque. Las ! il fut terrassé par un maître retors en politique politicienne et la réélection de Mitterrand transforma l'aube de la France en fin de règne crépusculaire.

Loin de persévérer dans la conviction, Chirac pensa alors qu'il lui fallait s'adapter à ce monde politicien. Peu importait le message et la politique à conduire, seules comptaient l'élection et les promesses. Quelle tristesse de voir ce héraut du gaullisme se transformer en radical corrézien ! On a vu où cela nous a conduits et on voit trop bien où il veut à nouveau nous mener. Vaincu par le cynisme, il en fit l'arme de sa revanche. Dès lors, je ne pouvais plus dire « nous » et l'abandon des intérêts français à l'occasion du traité d'Amsterdam me donna l'occasion de dire « je » et de proposer aux Français un combat pour la France.

L'heure de celui-ci sonne. Puissent les Français

en comprendre l'enjeu, puissent-ils jauger les acteurs et alors je ne doute pas de la victoire du parti de la France, parti majoritaire dès lors qu'une voix forte se fait entendre pour le rassembler.

4

Le goût d'entreprendre

Dans toute la classe politique française, rares sont ceux qui ont une expérience réelle de l'entreprise privée. Parmi les candidats à l'élection présidentielle de 2002, je crois être même le seul.

Jeune étudiant en droit, à peine sorti de la guerre, j'ai gardé de cette période de ma vie des souvenirs précieux qui guident encore ma vision des choses. Après quelques petits boulots divers, comme on ne disait pas encore à l'époque, j'ai franchi bien des marches dans le groupe Ricard où je suis entré en 1952. De simple représentant jusqu'à la direction internationale des ventes, j'ai appris ce qu'était le marketing, les relations internationales, la formation et la direction d'équipes de vente, un peu partout en Europe et dans le monde ! Je crois que cette expérience pour un homme politique de mon niveau est unique ! Ailleurs, aux États-Unis notamment, cela aurait été admiré, mais pas en France.

Cette classe politique s'est parfois gaussée de ma carrière chez Ricard, sans doute parce que cela fait trop populaire et pas assez chic, ignorant ou feignant d'ignorer que Paul Ricard, avec un véritable génie de l'entreprise, avait transformé la firme familiale en grand groupe international, innovateur et compétitif, et qu'il avait été l'un des premiers à diffuser le capital parmi ses ouvriers et employés.

Aussi ai-je vécu, plus précocement que la moyenne, l'adaptation d'une entreprise française à la mondialisation. Depuis lors, ma conviction est faite : la meilleure politique économique est celle qui laisse l'entreprise prospérer et l'État se limiter à son rôle. Et la meilleure politique pour l'entreprise est celle qui améliore la productivité du travail en mettant au cœur de ses préoccupations le facteur humain.

Dieu sait combien j'ai eu, dans cette partie de ma carrière, à motiver des hommes au service de notre entreprise. Finalement, la recette est la même qu'en politique : être fier de son produit, ne pas mesurer sa peine et aimer les gens. Elle n'est pas toujours appliquée et j'en connais beaucoup qui sont avant tout fiers... d'eux-mêmes.

Il n'y a pas d'entreprise sans compréhension mutuelle. Je me souviens d'une petite crise que j'ai eue à gérer chez Ricard. Dans la région dont j'étais responsable les représentants jalousaient les administratifs dont ils enviaient la stabilité géographique et la tranquillité supposée et, dans un juste équilibre, les gens des bureaux jalousaient les représentants dont ils enviaient la mobilité et la vie aventureuse imaginée. Durant une semaine, je fis exécuter la décision un peu folle de remplacer les uns par les autres, les commerciaux dans les bureaux, les administratifs sur les routes. À la fin de cette expérience, chacun s'estima heureux de son sort et ne vit plus dans la vie rêvée de l'autre catégorie qu'un cauchemar dont il fallait se préserver. Il en résulta une grande considération réciproque.

La variété des stages préalables à l'emploi, la connaissance des autres secteurs d'activité de l'entreprise, la rémunération véritable des mérites, l'attention des chefs à l'égard de leurs collaborateurs, la chaleur humaine ; j'ai rencontré et appris aux côtés de Paul Ricard plus que ce que ne m'apprendront jamais tous les théoriciens du management réunis.

Cette méconnaissance de l'entreprise par la classe politique est tout à fait préjudiciable à notre intérêt collectif. De plus en plus, le monde politique, au sens large des élus et de leurs collaborateurs immédiats, s'identifie au monde de la fonction publique renforcé par quelques parasites du système qui trouvent là un pseudo-métier qu'ils ne sauraient avoir dans le privé. Quelques représentants des professions libérales, qui ne connaissent pas davantage l'entreprise, n'équilibrent pas le tableau.

Nous vivons ainsi ce paradoxe d'une richesse utilisée, distribuée et organisée par ceux qui ne la produisent pas. Une réforme d'évidence serait d'obliger tout fonctionnaire à choisir entre son statut et son mandat national ou d'exécutif local et de prévoir pour les salariés du privé des modalités d'embauche à la fin de leur mandat d'élus.

De façon plus générale, il faut renverser ces privilèges liés à l'État qui relèvent de la part la plus conservatrice de la tradition française, celle qui déjà faisait préférer l'office au négoce sous l'Ancien Régime.

Chacun fait aujourd'hui un constat d'évidence, dont personne n'ose tirer les conclusions : l'État est faible et gênant à la fois car il est obèse, il assure mal ses missions parce qu'il lui faut s'occuper de tout, il persiste dans ses errements par incapacité à sortir de ses ornières.

Depuis trente ans, la réforme de l'État est à l'ordre du jour et fait des progrès peu perceptibles. Il faut dire que pour réformer l'État, on réunit des états généraux limités à la noblesse alors qu'il faudrait une révolution véritable.

Nous assistons à ce paradoxe tragique de prélèvements obligatoires à des niveaux records, supérieurs à tous nos voisins de l'Union européenne, Suède et Danemark exceptés, alors même que nos grandes politiques nationales ont été réduites au détriment de notre rayonnement dans le monde.

Passe encore que les impôts soient lourds s'ils servent une grande diplomatie, une francophonie conquérante, une défense ambitieuse, passe encore que le fardeau fiscal soit pesant s'il assure la sécurité des biens et des personnes, une éducation performante, une politique familiale réussie.

Mais non, le poids de l'État étouffe l'initiative privée et conduit de plus en plus les Français à choisir entre l'assistanat et l'implantation à l'étranger. Nous sommes dans un système aussi lourdement bloqué et contre-productif que l'était le système féodal et son talon d'Achille fiscal, avant la Révolution.

Non seulement l'impôt est trop élevé mais il faut supporter de se faire agresser au coin de la rue et de voir ses enfants rackettés à l'école ! C'est ce type d'injustice qui nourrit l'incivisme, l'abstention et l'écœurement civique.

La situation est d'autant plus dangereuse que ceux qui, à court terme, ont intérêt à modifier la donne économique et sociale sont minoritaires dans le pays et ultra-minoritaires parmi ses dirigeants politiques, aussi le système se survit-il à lui-même, prospère-t-il même en nous enfonçant dans la médiocrité.

Celui qui prétend diriger le pays doit d'abord faire cet effort d'inventaire lucide de ce qui bloque la réforme nécessaire.

Les politiques ont renoncé à leur ambition et pensent qu'ils doivent suivre les évolutions et non les précéder. Les risques de mécontenter les intérêts acquis, qui sombreront pourtant lorsque le naufrage sera inévitable, achèvent de limiter les initiatives un peu audacieuses.

La démographie suicidaire que nous subissons, en minorant la part des jeunes, a un double effet.

Elle renforce le conservatisme social et les arbitrages de court terme, tant en politique que sur les marchés financiers, à cause du poids des personnes âgées. Dans le même temps, elle favorise, par compensation dans la psychologie collective, une mode intellectuelle et morale tournée vers le jeunisme qui favorise les choix démagogiques.

L'immigration incontrôlée déstabilise les équilibres culturels dans les villes tout autant que les comptes sociaux et rend de plus en plus problématique un traitement du problème qui ne soit pas irrationnel.

La rémunération plus faible du travail au bénéfice de la rente multiplie les allocations de tout type, des plus pauvres aux plus riches qui ont intérêt à l'inertie du système. Ainsi, une population de plus en plus nombreuse ne fait plus du travail une valeur de référence, avec toutes les conséquences morales de ce processus.

D'autres que moi ont fait, in petto, la même analyse et ont baissé les bras devant tant d'obstacles ou bien ont considéré que seule la fuite en avant dans l'Europe supranationale permettrait de surmonter ce « blocage français ». Ils font une erreur complète car notre déclin économique, social et moral ne peut être endigué par une Europe fédérale qui se construit sur les mêmes illusions bureaucratiques et socialisantes qui ont affaibli la France depuis plus de trente ans.

Mais il nous faut, pour nous-mêmes, tirer des leçons de l'ampleur de ces handicaps. Il ne servirait à rien de faire du « souverainisme » le fonds de commerce de tous les conservatismes et de tous les corporatismes nationaux, cela peut faire des voix mais cela ne peut pas faire de bien au pays. En revanche, il nous faudra mettre notre souveraineté au service de la liberté pour sortir la France et de l'ornière fédérale et de l'ornière socialiste.

Si la facilité l'emporte, si le grand nombre et la démagogie commandent, si le politiquement correct dirige tout, alors rien ne sera possible. Mais l'opinion publique ne subit ces évolutions que parce qu'il n'y a pas d'offre politique nouvelle, parce qu'il n'y a pas de vision globale, parce qu'il n'y a pas de programme de redressement économique et financier.

Souvenons-nous d'une situation pire encore, lorsqu'en 1958 le pays ruiné dépendait totalement du bon vouloir financier américain. Eh bien, ce que le libéral Jacques Rueff a réussi en 1958 grâce à la volonté politique du Général de Gaulle, nous pouvons le faire demain : restaurer notre compétitivité économique, recentrer l'activité de l'État, confirmer le choix de l'ouverture sur l'Europe et sur le monde.

La tâche essentielle est bien, aujourd'hui, de rompre avec un enlisement progressif que signalent : une anémie économique, dans laquelle le rythme de croissance reste toujours inférieur au potentiel ; une fiscalité de plus en plus pesante pour des services publics de moins en moins efficaces ; des inégalités croissantes devant le chômage, les retraites et la santé ; un étouffement général de l'initiative et de la responsabilité individuelles par une bureaucratisation croissante et une hypertrophie réglementaire.

Ainsi marchons-nous à contresens d'un monde plus ouvert, plus mobile, plus compétitif et plus efficace.

Les ingrédients d'une bonne politique de cadrage de l'économie, d'une politique macroéconomique comme disent les spécialistes, sont simples et de bon sens. Il faut un taux de change flexible se situant à un niveau raisonnable avec des taux d'intérêt nominaux (c'est-à-dire le coût de l'argent) ramenés à un niveau voisin de l'inflation, donc faible, pour favoriser l'investissement. Voilà quelle devrait être l'ambition de la Banque centrale européenne. On est loin du compte mais il appartient aux gouvernements de lui rappeler où sont les réalités du pouvoir.

Ensuite il faut un allégement de dix points, oui j'écris bien dix, sur cinq ans, des prélèvements obligatoires pour nous situer enfin au niveau de nos voisins et principaux concurrents. Ces dernières années, des pays aussi divers que l'Australie, la Belgique, la Finlande, l'Irlande, le Royaume-Uni l'ont fait tandis que nous persistions dans notre tendance à la hausse des prélèvements obligatoires alors même que notre budget militaire était fortement amputé avec des effectifs réduits des deux cinquièmes et des coûts de fonctionnement diminués de 20 % en cinq ans.

Exprimé de façon encore plus simple, cela signifie que tout l'enjeu, ou presque, de la réforme de notre économie, c'est la capacité du prochain gouvernement à réussir une réforme de l'État.

Nous battons des records en matière de prélèvements et de réglementation administrative et nous sommes mal classés en termes d'investissements et de créations d'entreprises. Le pays s'appauvrit mais sans s'en rendre compte à cause de sa richesse relative.

Les moyens de la réforme sont connus. Il faut réduire le périmètre et les prélèvements du secteur public de façon à le renforcer dans son domaine régalien.

Il faut ainsi achever la privatisation des grandes entreprises industrielles et commerciales et mettre fin aux multiples participations de l'État dans celles-ci.

Il est également urgent de réformer les organismes vieillis des quasi-monopoles qui gèrent l'assurance maladie et les retraites. On peut le faire tout en améliorant les transferts de revenus en faveur des moins aisés, en distinguant ce qui est du domaine de la solidarité de ce qui est du domaine de l'assurance.

Ainsi peut-on rendre à tous les salariés la part des cotisations actuelles qui ne constitue pas un transfert de revenus mais un simple achat d'assurance. Avec un salaire ainsi augmenté, chacun pourra acheter sa couverture maladie. L'assurance maladie sera obligatoire mais la diversité des choix individuels sera possible tandis que la Sécurité sociale continuera à gérer les cotisations destinées aux transferts sociaux.

La situation des retraites est un exemple hyperréaliste de l'irresponsabilité de nos gouvernants. L'obstacle grossit devant nos yeux et se rapproche sans que rien soit fait. Des vies plus longues, des femmes retraitées plus nombreuses après avoir renforcé le taux d'actifs, moins de jeunes, l'arrivée à la retraite de la génération du baby boom : les facteurs d'explosion des régimes de retraite convergent. Chacun de ces facteurs augmentera la charge des actifs vers 2020 de respectivement 15 %, 5 %, 10 % et 20 % ! Ceux qui se fondent sur l'hypothèse, par ailleurs irréaliste, d'un retour au plein emploi en feignant de croire qu'il n'y a pas un problème des retraites mais seulement un problème de chômage sont inconscients ou menteurs. La réalisation du plein emploi allégerait la charge de 10 % environ, ce qui nous met loin du compte.

L'objectif de créer un fonds de réserve, à hauteur de 1 000 milliards de francs, pour 2020 n'est pas plus sérieux. Le chiffre impressionne mais il représente... six mois de dépenses.

C'est donc une mesure d'intérêt général de diversifier les moyens de payer les retraites, c'est-à-dire d'introduire une large part de capitalisation à côté des régimes de répartition obligatoire. La France est le seul pays qui néglige la capitalisation pour ne retenir presque exclusivement que la répartition par un système public.

On a opposé systématiquement répartition et capitalisation, de façon purement idéologique, pour préserver les situations acquises non pas des salariés mais des syndicats gestionnaires des caisses de retraite. Comme souvent dans ces prés carrés de l'idéologie socialiste, les raisonneurs oublient que nous sommes dans un monde ouvert. Le retard pris par la France en matière de fonds de pension ne dessert que les plus pauvres (les riches n'ayant pas attendu la libéralisation du système pour fonder leurs revenus de retraites sur les fruits de l'épargne) et les capacités de financement de nos entreprises, sur lesquelles nous reviendrons.

On a vu dans un certain nombre de pays, l'Italie et le Luxembourg par exemple, de nouveaux partis politiques naître autour de la défense des retraités. Cela dénote, certes, une fragmentation corporatiste du débat public, mais aussi une réaction salutaire à l'encontre de l'inertie des gouvernements qui laissent venir la catastrophe, en pratiquant la politique de l'autruche ou la méthode Coué. Cela montre qu'un gouvernement responsable et pédagogue, qui prendrait également soin d'éviter toute mesure rétroactive, pourrait s'appuyer sur l'opinion publique contre tous les conservateurs qui ont intérêt à profiter du système jusqu'à son implosion.

Parce que l'État est devenu obèse, au lieu d'être musclé et efficace, il est nécessaire de le mettre au régime, c'est-à-dire de le soumettre à une contrainte arbitraire mais salutaire. Je propose, pour les cinq ans de la prochaine législature, que les dépenses publiques n'augmentent pas et que les besoins nouveaux soient satisfaits par une redistribution des moyens entre administrations au sein de cette enveloppe globale fixe.

Toute dépense nouvelle doit être financée par des suppressions de dépenses anciennes. Voilà un engagement qui peut commencer à ramener la confiance des Français en l'État. Celui-ci a une opportunité historique pour se réformer dans le fait que la moitié de ses agents partiront à la retraite dans les dix ans à venir. Il convient donc de ne remplacer qu'un départ sur deux à la retraite et de réduire ainsi le pourcentage de fonctionnaires dans la population dont la France détient le record dans les pays développés.

L'unité de gestion des personnels est absolument indispensable. Aujourd'hui, un préfet qui a besoin d'une secrétaire ne peut pas aller la chercher dans une direction départementale de l'agriculture ou de l'équipement. De même, pour remettre les policiers sur la voie publique, il conviendrait d'affecter aux tâches administratives des commissariats les personnels en surnombre dans d'autres administrations. Mesure-t-on bien le fait que, malgré la décentralisation et ses transferts de compétence depuis vingt ans, malgré les démembrements multiples de l'État et la création d'agences et d'autorités indépendantes, le nombre de fonctionnaires a toujours augmenté et que certaines directions qui ne correspondent plus à des compétences de l'État sont restées en place !

Dans tous ces domaines vitaux pour notre avenir collectif, les gouvernements socialistes ont fait l'exact contraire du souhaitable. Recrutement massif d'emplois jeunes et de fonctionnaires, inertie face au social, défausse de charges sur les collectivités locales, toute leur politique assombrit l'avenir et tend à faire croire que les facilités étatiques peuvent durer éternellement.

En allant encore plus loin, je pense que le social-libéralisme que vantent tant les socialistes les plus « modernes » va produire le plus formidable appauvrissement de la France dans les décennies à venir puisqu'on aura à la fois levé les barrières protectionnistes, lâché la France au grand vent de la mondialisation et laissé le pays pieds et poings liés par l'excès d'État.

L'excès d'État tue l'État, l'excès d'impôt tue l'impôt, l'excès de loi tue la loi. Pour avoir ignoré cette trilogie fondamentale du bon gouvernement, les socialistes auront rendu le redressement du pays bien ardu. Mais il reste possible.

La tâche principale de la politique économique dans les prochaines années est là : un État allégé, plus efficace, plus productif, donc une fiscalité réduite. Elle ne sera pas accomplie sous la pression de Bruxelles ou par la fusion dans un très grand État européen, irrémédiablement englué dans la social-démocratie, elle sera la résultante des aspirations des Français et du courage de nouveaux responsables politiques.

L'allégement de l'État aura pour conséquence, et pour ambition, de favoriser la création d'entreprises, objectif prioritaire de tout redressement, car ce sont les entreprises, surtout les petites, qui créent les emplois, mais nous savons que le problème du développement est d'obtenir qu'il en naisse plus qu'il n'en disparaît. Beaucoup d'entreprises présentent des signes de grande fragilité dans leur premier âge et connaissent par la suite des évolutions très favorables.

Il faut laisser libre cours à ces lois de la nature tout en s'efforçant d'en minimiser les conséquences sociales. Cela signifie que si de petites entreprises doivent disparaître, il faut que des emplois soient créés pour compenser ces attritions et qu'ils soient créés à proximité pour éviter le choix négatif entre chômage et mobilité. Il faut donc favoriser la constitution de marchés locaux du travail.

Dans un nombre croissant de secteurs orientés vers la consommation, ceux que j'ai le mieux connus dans mon expérience personnelle, la possibilité de répondre « juste à temps » à la demande de produits différenciés et personnalisés apparaît comme un moyen efficace de contrer la concurrence des importations en provenance des pays à bas salaires. Le recours à ces méthodes, maintenant éprouvées, d'une organisation flexible de la production est incompatible avec la constitution de stocks. Il impose donc aux producteurs de suivre la demande au plus près, et comme celle-ci varie généralement d'un mois à l'autre, parfois même d'une semaine à l'autre, de faire évoluer en conséquence la charge de ses ateliers. Des associations de producteurs se sont spontanément constituées dans de nombreux territoires dans le but de mettre en commun des travailleurs en CDD ou même en CDI. Cela permet à chacun de leurs adhérents de minimiser les conséquences économiques des variations de leurs carnets de commandes tout en leur évitant, comme aux travailleurs eux-mêmes, d'avoir à recourir à des mesures d'adaptation compliquées et pénalisantes, comme celle du chômage partiel ou du licenciement.

Ce libéralisme de proximité est tout à fait en mesure de concilier les exigences, souvent contradictoires, de l'efficacité économique et de l'efficacité sociale. Le rôle de l'État est de favoriser cette innovation et ces potentialités de développement local en permettant la création d'entreprises par des formalités réduites à une journée, en allégeant les réglementations surabondantes qui épuisent l'énergie et la compétence des dirigeants de PME. L'entreprise est actuellement un coupable potentiel pour l'administration. Il faut que cette dernière soit au service de l'entreprise et non pas de son propre pouvoir qui tient trop souvent de la capacité d'entrave. Toute réglementation nouvelle ne devrait d'ailleurs être autorisée qu'au prix de la suppression d'un volume équivalent de réglementations existantes.

Ce libéralisme de proximité doit être aussi celui des moyens financiers des entreprises pour qu'enfin, près de quarante ans après la fructueuse idée de participation, se développe un véritable capitalisme populaire.

Les sociétés agraires, parfois au prix de soubresauts révolutionnaires, avaient en Europe réussi à diffuser la propriété du capital foncier à ceux qui travaillaient la terre. Et ce progrès reste l'espoir de bien des populations de l'actuel tiers-monde.

En revanche, la société industrielle n'a jamais, en France, réussi cette diffusion de la propriété du capital aux salariés. C'est aujourd'hui possible par le moyen du développement général des fonds de pension investissant en partie ou en totalité en actions.

Le véritable capitalisme populaire, dans lequel le salarié n'est pas prisonnier de son entreprise pour son emploi et pour son épargne, passe par ces fonds qui permettent un financement de l'économie et un contrôle efficace de ses dirigeants.

Une vaste diffusion de la propriété vers les salariés, une liberté fondamentale de l'épargnant, un véritable pouvoir actionnarial de ce dernier via la puissance collective de fonds de pension concurrents, donc attentifs à la gestion de leurs investissements par les entreprises, voilà les composantes d'une nouvelle donne tant économique que sociale.

Les chantiers ne manquent pas, il faudra les expliquer aux Français, leur demander, pour ouvrir les plus urgents, qui sont parfois les plus entravés, de trancher éventuellement par référendum.

Je ne doute pas que mise en perspective, avec ardeur, au service de la modernisation du pays, une réforme fondée ainsi sur l'initiative et le goût de la liberté n'emporte l'adhésion. Pour conduire cette révolution pacifique, le gouvernement devra être résolu mais s'il réussit cette transformation de l'État, il aura réussi à préserver les chances de la France dans le monde du XXIe siècle. Alors les Français pourront faire gagner la France.

5

L'abbaye de Thélème

Une image littéraire qui souvent m'occupe l'esprit est celle de l'abbaye de Thélème. Peut-être parce que j'ai un goût particulier pour les abbayes dont on ne sait si elles embellissent le paysage ou si c'est la beauté des lieux qui les a fait naître, pour les abbayes qui disent une grandeur tranquille, une paix inspirée, une foi pure. Surtout parce que j'ai une passion pour la recherche d'une éducation qui soit harmonieuse et heureuse.

Après mon bachot, je n'ai fait que deux années de faculté de droit, à une époque, il est vrai, où l'entrée à l'Université était déjà une marque de distinction sociale. J'en ai gardé le souvenir, que mes maîtres d'alors me pardonnent, d'ennui et d'éloignement astronomique de la vie. Mais j'en ai aussi conservé un goût intact d'apprendre en toutes matières et en toutes choses par la lecture, la conversation ou, désormais, j'y reviendrai, la navigation sur Internet.

Dans ce pays où les parchemins ont tant d'importance, on se méfie des autodidactes comme on répugne à donner aux mauvais élèves une deuxième chance. C'est le revers de la médaille républicaine. En voulant créer une aristocratie de l'intelligence, l'éducation élitiste a délivré ses lettres de noblesse ou ses bulletins d'embastillement à des jeunes de vingt ans sans guère de possibilités d'appel, qu'heureusement la vie a toujours ménagées par ailleurs.

Faire de bonnes études reste l'obsession justifiée des familles, faire des étudiants qui soient des hommes et des femmes à la fois bien dans leur peau et utiles à leur pays est la mienne. C'est pour cela que j'ai créé le pôle universitaire Léonard-de-Vinci malgré les critiques et les injures. Un des plus beaux souvenirs de ma vie, c'est lorsque le premier président des élèves – il était d'origine africaine et les « gauchistes », jamais en retard d'une ignominie, l'appelaient le « nègre de Pasqua » – me dit, lors de sa sortie de la fac : « Sans vous je n'aurais jamais fait d'études supérieures et je n'aurais jamais trouvé un métier que j'aime. » J'ai alors éprouvé cette joie quasi paternelle que doivent éprouver les professeurs aimés qui reçoivent la visite affectueuse d'un ancien élève.

Il y a dans l'éducation cette transmission qui assure la pérennité d'une civilisation. Je me souviens avoir lu des lettres bouleversantes de poilus de 14-18 qui écrivaient à leurs instituteurs ou à leurs professeurs pour leur dire qu'ils tenaient le coup dans l'horreur grâce aux lumières qui leur avaient été données à l'école.

Nous sommes aujourd'hui loin du compte, et l'abbaye de Thélème est en ruine et envahie par les ronces. La crise de l'école républicaine – mais l'est-elle encore ? – est du domaine du simple constat, elle est dans les esprits comme une évidence douloureuse avec laquelle il faut faire. Les Français se sont comme accoutumés aux insuffisances de l'État et, là comme ailleurs, ils cèdent au fatalisme.

Il est vrai que les faits inquiétants s'accumulent comme nuées avant l'orage : la progression de l'illettrisme, près de la moitié des élèves entrant en sixième ne maîtrisent pas la langue française ; le taux d'échec beaucoup trop élevé dans les premiers cycles universitaires ; la montée de la violence de l'école primaire jusqu'à l'Université, avec des pointes marquées au collège ; la course des parents d'élèves les plus socialement ou culturellement aisés vers les établissements protégés ou protecteurs, privés ou grands établissements publics à la réputation intacte.

Si le système ne s'est pas encore effondré, c'est qu'il continue d'être relativement performant dans la production des élites : nos normaliens sont de bons littéraires ou de bons scientifiques, nos polytechniciens ou nos centraliens de bons ingénieurs, nos énarques, quoi qu'on en dise, de bons administrateurs (mais de médiocres politiques), nos HEC ou nos Essec de bons commerciaux.

Que ces élites soient insuffisamment diversifiées dans leur origine et un peu figées dans leur formation initiale est une autre question mais notre système les produit de façon satisfaisante bien qu'il subisse de plus en plus la concurrence étrangère. En revanche, il est très défaillant dans la formation générale de l'ensemble d'une classe d'âge qui sort de ce système.

Autant la IIIe République savait donner aux anciens élèves de ses écoles primaires un savoir adéquat pour maîtriser leur espace de vie d'adultes, encore largement rural et local, autant l'école actuelle ne donne pas à nos jeunes la grille de lecture ad hoc d'un monde devenu, certes, plus complexe.

Dans le raisonnement sur l'école, il convient de distinguer la formation de l'individu, ou comment préparer un citoyen libre et conscient, et la formation au métier, ou comment donner à chacun la chance de réaliser sa vocation ou de la trouver.

S'agissant de la formation générale, on a laissé le second cycle, collèges et lycées, sous la déferlante des modes de la connaissance. Faute de définir un savoir humaniste de base, on a laissé enfler les programmes, complexifier les enseignements, multiplier les disciplines au mépris de la bonne assimilation des raisonnements et des repères. On s'est laissé aller, sous le prétexte de l'augmentation générale du savoir, à un saupoudrage disciplinaire qui laisse nos adolescents pantois, sachant de tout un peu, à qui on offre une vue plus vertigineuse que panoramique des connaissances. Ainsi auront-ils fait un peu de latin ou un peu de grec, mais pas les deux, ainsi seront-ils toujours passés à côté d'un corpus un peu solide de l'humanisme de base.

Prenons l'exemple de l'enseignement de l'histoire. Il a été ballotté entre le primat de l'histoire thématique (par exemple l'agriculture à travers les âges) et la priorité à l'histoire économique et sociale (il est inutile d'apprendre les batailles et les événements politiques qui ne sont que l'écume des jours). Il a été ainsi oublié que l'histoire, c'est avant tout des repères chronologiques dans le temps et des références pour aider à lire le présent. On a oublié que le but n'était pas, de la 6e à la terminale, de former des historiens, mais de donner à des citoyens des points de repère culturels.

La cause de cette dérive des disciplines est à chercher dans un désinvestissement du politique. Seule exception, néanmoins malheureuse, l'instruction civique, que les socialistes ont transformée en machine de propagande qui fleure bon, à chaque page, le politiquement correct et l'européisme selon le témoignage même de professeurs, par ailleurs engagés à gauche, mais déontologiquement soucieux de cette dérive et qui s'en ouvraient à moi.

Jadis, les programmes étaient l'objet de débats passionnés à la Chambre. Aujourd'hui, ils sont laissés entre les mains des commissions de spécialistes et des inspections générales. Leur tendance naturelle, et je ne leur en fais pas grief, est de former des spécialistes et non des généralistes. La responsabilité, là encore, appartient aux politiques qui n'ont pas eu le courage – en ont-ils eu seulement conscience ? – de poser la question du contenu des savoirs. À tel point d'ailleurs qu'on s'émerveilla naguère qu'un ministre de l'Éducation eût l'audace et le génie de proclamer que l'école primaire devait apprendre à lire, écrire et compter !

Cette dérive disciplinaire, parce qu'elle favorise l'abstraction et la connaissance désincarnée, renforce les inégalités sociales devant le savoir. Au lieu d'être mis à la portée des enfants, il reste ésotérique. Lisez les manuels des collèges et des lycées d'aujourd'hui et vous comprendrez ce que je veux dire. Les faits sont seconds, les concepts, souvent mal élucidés, sont premiers. En mathématiques, le calcul est parent pauvre comme, en littérature, la familiarisation avec les grands auteurs. D'ailleurs la récitation n'a plus guère cours et tout le monde semble avoir oublié son rôle dans l'enseignement classique. En minorant le rôle de la mémoire et en valorisant le raisonnement désincarné, on a gravement handicapé des générations ramenées à l'enseignement des sophistes.

Il y a donc un premier effort à faire, tout à fait considérable, pour redéfinir les savoirs et réécrire les contenus.

Deux obstacles sont à vaincre : la spécialisation excessive ou inadéquate, au détriment de la connaissance de base qui permet le développement autonome du raisonnement ; la dérive pédagogiste qui habille les notions simples d'un jargon, version contemporaine de celui des médecins de Molière. Cette dernière est sans doute la plus redoutable ; des promotions de professeurs sont soumises à son terrorisme intellectuel qui explique qu'il existe une science pédagogique, que sa maîtrise est indispensable alors que celle des disciplines intellectuelles est secondaire.

Ce pédagogisme qui veut « apprendre à apprendre » de façon désincarnée et qui oublie que l'enseignement est d'abord transmission de connaissances, tous les professeurs sérieux le dénoncent depuis trente ans. Personne n'a osé affronter son puissant corporatisme, appuyé sur la colonisation des inspections et sur les situations confortables de détachements divers et variés mettant des enseignants à l'abri des réalités qu'ils prétendent aider à maîtriser. Quant à son succès institutionnel, il s'explique en grande partie par la méfiance instillée par une certaine pensée dominante contre les savoirs supposés bourgeois.

Ces errements cumulés ont conduit à l'illettrisme de nombreux enfants de dix ans ou plus. Dans ce monde compliqué, il faut retrouver le courage d'avoir quelques idées simples.

Si l'apprentissage de la lecture et de l'écriture échoue, pourquoi ne pas revenir à des méthodes qui firent leurs preuves naguère ? Les méthodes globale puis semi-globale ont trop longtemps fait des ravages sur des générations orphelines de toute orthographe et de toute syntaxe. Tout se joue à l'école primaire, là se forge la réussite ou s'écrit l'échec.

Si les enfants n'apprennent pas correctement pendant les cours normaux, il faut organiser le rattrapage scolaire sur une grande échelle. C'est ce que je fais systématiquement dans les collèges des Hauts-de-Seine où, depuis dix ans, tous les élèves en difficulté bénéficient d'heures supplémentaires en petits groupes adaptés. Il y a en outre un potentiel de volontariat, je pense aux retraités, qui n'est pas exploité pour aider ceux qui perdent pied et qui risquent de le regretter toute leur vie.

L'école connaît également, de façon plus récente, une dérive inacceptable qui accroît aussi les inégalités face au savoir : la violence. Elle frappe et désavantage d'abord les plus faibles et les plus démunis. Un cours qui ne peut pas se dérouler dans le calme, un enseignant empêché par l'intimidation de travailler, ce sont autant d'élèves à qui l'on interdit de monter dans l'ascenseur social que reste, encore et malgré tout, l'école.

Comment peut-on laisser la gangrène de la violence gagner l'école sans réagir ? Là aussi, je m'y suis employé dans mon département en mettant des moyens qui ont fait, c'est le cas de le dire, école. Moyens matériels : quand les établissements sont beaux et agréables, ils sont moins dégradés. Moyens humains : quand les adultes sont suffisamment nombreux, les violences diminuent, d'où ces médiateurs éducatifs que j'ai installés dans les collèges depuis quatre ans ! Ils se sont vite rendu compte, hélas, de la souffrance des adolescents incapables de communiquer avec leurs parents et souvent avec leurs professeurs ! Dans un monde où la communication est le maître mot, jamais il n'y aura eu aussi peu de communication entre les êtres, d'où le mal de vivre chez beaucoup, ce à quoi nous tentons de remédier.

Mais au-delà de ces moyens, il y a un problème de volonté politique qui suppose une réforme profonde des comportements de l'État, justice comprise.

L'inversion des valeurs atteint des sommets qui seraient risibles s'ils n'étaient dramatiques tant pour les victimes que pour notre République. Dans la chronique judiciaire voisinent désormais les mises en cause d'enseignants qui ont osé donner une gifle ou un coup de règle à des adolescents et l'impunité des mineurs qui livrent nos cités à la barbarie. Le bon sens populaire en tire un diagnostic simple et roboratif : la République marche sur la tête.

Chacun a présent à l'esprit ces cas d'enseignants mis en cause parce qu'ils ont fait preuve d'autorité et usé de la violence légitime de l'État dont ils se pensaient dépositaires puisqu'on ne les avait pas prévenus que le droit républicain avait été remplacé par le « droit de l'hommisme ».

Ces enseignants ou ces chefs d'établissement

ont été soutenus par leurs collègues et la très grande majorité des parents mais leur mise en cause affaiblit, on l'imagine, considérablement les moyens de défense d'une institution qui valorise en son sommet le « pas de vague » et l'escamotage des réalités.

Le constat est d'évidence : l'autorité éducative a été désarmée. Chacun d'entre nous se souvient pourtant d'une punition salutaire pour distinguer le bien du mal et mieux affronter les leçons que la vie se charge, de toute façon, de vous donner tôt ou tard.

Mesure-t-on, dans les salons parisiens, la réalité de la vie quotidienne dans de trop nombreux établissements scolaires ? Celle d'adultes, d'enseignants, de cadres administratifs ou de personnels de surveillance et d'entretien, subissant injures et crachats, violences verbales et physiques dans un lieu où il conviendrait que règnent le respect et l'apprentissage de la vie sociale. L'abbaye de Thélème est livrée aux démons.

Je connais un grand nombre d'enseignants et de chefs d'établissement, j'ai avec eux des discussions fréquentes et approfondies, ils exercent leur métier, qui est de plus en plus difficile, avec beaucoup d'énergie et de talent et ils ont besoin d'une chose : être soutenus.

Il y a dans le comportement laxiste, indigne des garants supposés de l'État républicain, la trace durable d'une « pensée 68 ». Celle-ci a attaqué l'école dans son contenu et dans son contenant. En abolissant les hiérarchies culturelles, en frappant de suspicion le savoir supposé bourgeois, en mettant sur le même plan le peintre et l'auteur de graffitis, le musicien et le faiseur de bruit, le poète et le pornographe, elle a perverti le rapport à la connaissance, surtout pour ceux qui ne peuvent trouver dans leur milieu familial un correctif à ces errements de nantis et de blasés qui cherchent à s'épater de leurs audaces sans risques.

En délégitimant l'autorité (la fameuse interdiction d'interdire), la « pensée 68 » a empêché toute régulation de la violence qui, elle, n'en déplaise aux rousseauistes attardés, existe bel et bien. Ainsi le rapport policé (*polis* c'est la cité, le berceau de la démocratie) cède la place au rapport sauvage.

Autre pente de la même montagne de sottises accumulées ; un jeunisme lénifiant qui encombre la classe politique et l'oblige à tenir balance égale entre les jeunes et les adultes, en tout cas dans les mots et les discours puisqu'on a vu que ces mêmes jeunes étaient sacrifiés par une politique économique inadaptée.

On agit donc comme si la jeunesse n'était pas un état transitoire et comme si toute notion d'héritage culturel et moral était à proscrire. Moyennant quoi, d'ailleurs, la majorité de la jeunesse est insultée puisque, dans un coupable glissement de sens, on qualifie aujourd'hui du terme de « jeunes » ceux qui méritent d'être distingués par le vocable de « délinquants ».

Les voyous étant appelés « jeunes », on ne s'étonnera pas que, le ton étant donné, les pratiques condamnables ne cessent de s'étendre puisqu'on propose à notre jeunesse un modèle négatif qui fait de la marginalité sociale et civique une norme. Or, les adolescents, on le voit bien dans les phénomènes de classe d'âge et de mode vestimentaire ou musicale, parce qu'ils se cherchent, sont particulièrement sensibles au conformisme de cet apparent anticonformisme.

D'ailleurs, le côté préfabriqué et artificiel de cette culture contestataire de masse pour les jeunes, où il entre beaucoup d'intérêts mercantiles, commence à être identifié pour ce qu'il est : une tromperie qui repose sur un profond mépris ; de plus en plus nombreux sont ceux qui s'en démarquent.

Le premier des devoirs aujourd'hui est de rétablir l'ordre républicain dans l'école sous peine de voir l'enseignement public déserté par les élèves désireux de bien faire et de voir les élèves soucieux de progrès tomber dans la facilité ambiante. Bref, la situation actuelle débouche clairement sur des établissements pour « pauvres » où l'on s'amuse à insulter les autres et son propre avenir, et des établissements pour « bourgeois » où l'on travaille sérieusement.

Il n'y a pas de discipline sans moyens de coercition. Les recteurs doivent donner des consignes de fermeté extrême aux chefs d'établissement en les assurant du soutien de l'État contre les enfants ou les parents récalcitrants. Toute violence à l'encontre des enseignants, verbale ou physique, mérite une sanction exemplaire car elle est une insulte aux principes mêmes de l'éducation. Lorsque les faits sont trop graves, il convient de renvoyer l'élève et de le confier à des structures spécifiques d'éducation renforcée avec internat obligatoire : c'est son intérêt comme celui des autres.

Cette remise en ordre demande peu de moyens matériels et beaucoup de courage et de volonté. Quoi qu'on en dise, l'opinion est prête à cette rupture avec des décennies de laxisme et l'opinion des enseignants exposés à ces violences quotidiennes l'est plus encore.

Refonder les connaissances, refonder l'autorité et enfin, troisième volet de la vision de la réforme de l'éducation, refonder l'orientation.

Celle-ci reste fondamentalement négative : est en section littéraire le mauvais en maths, est en section professionnelle le mauvais en tout. Le bon élève est, lui, en section scientifique même si son goût pour les sciences est médiocre et on ne compte plus les bacheliers de section S reçus grâce à leurs bonnes notes dans les matières... littéraires. On connaît la cause de tout cela : les parents et les enseignants ne jurent que par le diplôme et son prestige supposé, et l'ombre des critères sélectifs des grandes écoles pèse sur toute l'orientation. Mieux vaut une licence, fût-ce de psychologie c'est-à-dire de chômage assuré, qu'un CAP, fût-ce de plombier, c'est-à-dire d'emploi prospère assuré.

Il faut réduire cette fracture durable, casser la dichotomie entre le pratique et l'intellectuel qui reste si profonde dans notre pays. Il faut valoriser les formations concrètes et accompagner les formations abstraites de stages dans le monde du travail.

C'est ce que nous faisons dans l'université que j'ai créée dans le département des Hauts-de-Seine. À Léonard-de-Vinci existent des formations aux métiers d'ingénieur et de commercial qui laissent aux échanges entre filières, aux expériences de terrain en France et à l'étranger une place essentielle aussi bien qu'un centre d'apprentissage offrant à des étudiants qui ont échoué dans leur cursus théorique la possibilité d'un épanouissement dans un métier. J'ai tenu personnellement à ce qu'à côté des enseignements conçus au plus près des besoins des entreprises et en concertation avec elles, une large place soit accordée à l'épanouissement de la personnalité de nos étudiants. Le suivi individualisé de leur parcours, des cours pratiques de comportements pour leur apprendre à travailler, à mener une réunion, etc., une exigence particulière en matière de culture générale et de pratique sportive, le tout dans des locaux agréables à vivre, donnent des jeunes gens et des jeunes filles qui trouvent tous un emploi à la sortie bien que leurs diplômes ne soient pas encore reconnus par l'État.

Je l'ai dit, là est peut-être ma plus grande fierté.

Nombreux sont les parents qui me disent : « Qu'avez-vous donc fait à ma fille, à mon fils ? Il était inhibé, sans grande volonté ni projet, vous en avez fait un battant sûr de lui mais conscient des limites et des difficultés. » Alors oui, je suis heureux et j'oublie les injures et les attaques. Dieu sait si cette « fac Pasqua » en a suscité ! Que Pasqua fasse de la police, passe encore, mais qu'il ose faire dans l'enseignement supérieur, quelle provocation !

J'avoue que lorsque je sens que mes adversaires sont animés par le mépris et la mauvaise foi, cela me stimule. Aujourd'hui, l'université Léonard-de-Vinci est acceptée pour ce qu'elle est, une réussite qui a encore beaucoup de potentialités à utiliser et je remercie de tout cœur enseignants, universitaires ou hommes d'entreprise, certains d'ailleurs venus de la gauche, qui ont eu le courage de braver les interdits et de partager cette aventure, qui est une aventure démocratique. Cette université est en effet le fruit de la démocratie : voulue et soutenue par les élus du département, elle est quasiment gratuite, comme une université d'État, pour les jeunes résidant dans ce département, pour les autres elle n'est pas plus chère que telle ou telle école de commerce que personne ne conteste.

À la réflexion, la haine mesquine qu'a inspirée cette création tient à ma personne mais aussi à la crainte éprouvée par un système bloqué à l'égard de ce souffle d'air frais dans le paysage de la formation à la française.

À l'instar de ce que nous avons fait là et de ce qui se fait beaucoup en Allemagne, il faut engager plus profondément les grandes entreprises dans la formation, elles peuvent délivrer des diplômes complémentaires attestant des expériences acquises en leur sein.

C'est l'éternel pari de l'éducation, ne pas plaquer un moule sur une personnalité mais trouver en elle le déclic de la motivation. Tous les philosophes nous le disent : « Telle est la nature, il faut d'abord se garder de l'enfermer dans un caractère, de la condamner. » Alain fait écho à Spinoza : « Ne pas parler aux hommes de leur esclavage mais de leur puissance » qui reprend lui-même Platon : « Inviter chacun à être pleinement ce qu'il veut être. »

La bonne éducation est un mélange harmonieux de générosité et de fermeté, de confiance en l'autre et de dirigisme éclairé, elle obéit à la même pente que le bon gouvernement. Dès lors que la république est malade, son éducation souffre. Soignons la république, en retrouvant son humanisme fondateur, sa capacité à l'autorité et à l'enthousiasme, et nous guérirons son école.

Mon expérience de président de Conseil général m'incite à penser que cette thérapie doit s'accompagner d'un pari résolu sur la décentralisation.

Collèges et lycées ont été transfigurés, le mot n'est pas trop fort, depuis que les collectivités locales en ont la responsabilité matérielle. Elles doivent aujourd'hui s'engager dans la gestion des personnels et, mouvement plus décisif encore, dans l'enseignement supérieur. Je crois sage de confier les universités aux régions pour débloquer enfin le système et le rapprocher de la formation continue et des entreprises.

Parmi les contresens que l'on commet parfois à mon sujet, le plus persistant est celui qui me présente comme un jacobin. Que, dans le même temps, on attaque ou on cite en exemple, selon ses penchants politiques, mes initiatives dans les Hauts-de-Seine ne semble d'ailleurs pas contradictoire à mes caricaturistes.

Je suis opposé à un jacobinisme institutionnel et archaïque qui est à la défense de la République et de la Nation ce que sont des trompe-l'œil à une façade. Je préfère une éducation décentralisée dans ses moyens et ses initiatives avec un ministère qui veille au contenu national des disciplines essentielles plutôt qu'une éducation centralisée dans son étouffante gestion avec un ministère qui veille à orienter une véritable propagande antinationale.

La décentralisation doit être aux institutions et à la gestion administratives ce que le libéralisme doit être à l'économie et à la création de richesses : une cure de jouvence pour vaincre les archaïsmes de la France.

La volonté de décentralisation est pour moi une option essentielle qu'il faut prendre sans complexe. Elle n'est absolument pas dangereuse pour l'unité du pays dès lors qu'elle est soucieuse de l'intérêt général et précise dans le rôle et les missions fixés à l'État. D'ailleurs, le Général de Gaulle lui-même en avait la volonté qu'il manifesta fréquemment mais qu'il ne put mettre en œuvre à cause de l'échec du référendum de 1969.

La grande ambition qui manifestera cette volonté décentralisatrice sera donc le renouveau éducatif.

Pour que la décentralisation soit une réussite, il faut quelques conditions. La première est une application rationnelle et réfléchie de la subsidiarité. Que chaque échelon fasse ce qu'il sait faire, que la maison soit en ordre, étage par étage, et que l'on en finisse avec l'actuel capharnaüm où l'on trouve l'Europe tantôt à la cave tantôt au grenier, l'État tantôt au balcon tantôt dans le couloir, les collectivités locales tantôt à la cuisine tantôt dans les mansardes.

La seconde est la réforme de l'État que j'ai déjà évoquée, elle trouvera plus qu'une symbolique, un début de réalité lorsque le ministre de l'Intérieur aura également la charge de l'aménagement du territoire et de la fonction publique pour montrer l'unité de vue dans les buts et de moyens dans la gestion des personnels de l'État.

Chacun sait la passion que j'ai mise à cette « grande affaire » qu'est à mes yeux l'aménagement du territoire. J'ai fait voter en 1994 une loi importante, chacun le reconnaît, sur laquelle je ne veux pas revenir trop longuement mais qui comporte quelques leçons pour l'avenir.

Elle avait été conçue à partir d'une volonté, garantir l'égalité des hommes et des territoires, et d'un constat, les déséquilibres spatiaux d'un pays qui sacrifiait délibérément ses zones rurales au profit de redoutables surcharges urbaines. Cette volonté permit, le moment venu, arbitrages et choix stratégiques. Mais elle s'est aussi appuyée sur une méthode de concertation sans précédent. J'ai fait alors, malgré mes autres tâches très lourdes en matière de sécurité, un véritable tour de France et organisé « un grand débat » avec les collectivités locales, les associations, les syndicats, les chambres consulaires, les médias, les consommateurs, les producteurs, etc.

Cette ouverture sur le « pays réel », loin d'abaisser l'État, lui donnait une nouvelle vigueur dans l'impulsion, et préfets et sous-préfets se souviennent avec nostalgie de cette « grande entreprise ».

Les gouvernements qui ont succédé à celui d'Edouard Balladur ont privé cette réforme de moyens puis l'ont définitivement abandonnée lorsque le gouvernement Jospin concentrait son action sur les zones urbaines et abandonnait la mise en œuvre des grands travaux dont la France avait besoin. Ainsi a été condamné le canal Rhin-Rhône dont les derniers kilomètres commettaient l'irréparable outrage de passer dans la circonscription de Mme Voynet, éphémère ministre qui, ce n'est pas peu dire, fit encore moins pour le territoire qu'elle ne fit pour l'environnement.

Nous avions ensemble, dans ce face-à-face entre l'État et les volontés françaises à l'œuvre dans les régions, trouvé le centre névralgique du développement harmonieux et dynamique : le pays, c'est-à-dire le lieu de rencontre de la géographie et de l'histoire, le périmètre, évidemment variable, où s'inscrivaient les flux d'échanges, d'initiatives et de productions.

Le pays n'était pas une invention de technocrate, mais une réalité concrète, si concrète que, malgré le désintérêt de M. Jospin, certains continuent à vivre et à réussir le pari du développement local, comme celui que guident dans le Pithiverais l'intelligence et l'énergie de mon ami le sénateur Paul Masson.

Mais surtout, dans mon esprit, l'émergence de ces pays devait être l'occasion d'une refonte complète de la carte administrative de la France. À chaque pays, un arrondissement, à chaque ensemble de pays, un département. Substituer ainsi la carte du dynamisme réel de la France du XXIe siècle à la carte de la France du XVIIIe siècle, telle était ma révolutionnaire ambition.

Ainsi peut-on être défenseur intransigeant de la Nation et de l'État et décentralisateur audacieux, à quelques conditions cependant : proposer aux Français une grande ambition et un grand projet, aller à leur rencontre et ne pas craindre les oppositions multiples qui toutes obéissent au corporatisme et à l'intérêt de court terme.

Je n'avais pas les moyens de cette politique, dans la position qui était la mienne et dans le temps dont j'ai disposé de 1993 à 1995. Conduire avec les Français cette révolution tranquille à partir de 2002, voilà une des ambitions qui me fait me présenter devant eux.

6

Les paradoxes de la mondialisation

Ma femme est née au Canada, le travail de mon fils le fait se déplacer sur tous les continents, un de mes petits-fils fait ses études en Espagne, l'autre aux États-Unis et il vient de rentrer d'un stage d'été en Malaisie.

Le département que je préside a développé des coopérations avec l'Amérique, la Chine, la Russie, l'Afrique. Le groupe que j'ai créé au Parlement européen unit cinq partis politiques de cinq pays de l'Union. Dans le cursus « filière européenne » de l'université Léonard-de-Vinci, les étudiants ont un double diplôme français et italien, allemand, anglais ou espagnol. J'avoue enfin ma passion à surfer sur Internet ; cette nouvelle bibliothèque d'Alexandrie en libre accès me fascine.

Je crois donc m'être adapté de façon très satisfaisante à l'évolution du monde. Elle a tôt frappé à ma porte puisque je me souviens, il y a une trentaine d'années, à cause de ma première élection comme député, avoir décliné une passionnante et ma foi fort lucrative proposition d'un grand groupe mondial en Amérique du Sud.

Ouvert au monde mais pas mondialiste ! Cette ouverture au monde ne m'a rien enlevé, bien au contraire, de mon attachement à ma patrie, et si j'apprécie toutes les bonnes cuisines ou toutes les bonnes littératures du monde, je garde un faible pour mes habitudes françaises en la matière.

Il est, là encore, assez drôle de me voir parfois représenté comme un cocardier, replié frileusement sur son Hexagone. Je ne crois pas avoir beaucoup de concurrents dans le monde politique dans le domaine de l'« internationalisation » souhaitée et vécue avec bonheur.

Si par mondialisation on entend échanges économiques au niveau mondial, vouloir s'opposer à cela est aussi idiot que de regretter et vouloir abolir au XVIe siècle la découverte des Amériques. C'est même un processus continu, une sorte de dilatation du monde qui a commencé, des siècles avant notre ère, autour de la Méditerranée avant de déborder sur tous les continents. Il a été soutenu par la meilleure part de la nature humaine, celle qui pousse à découvrir, à échanger, à faire fructifier les économies.

Dénoncer la mondialisation est le nouveau fonds de commerce du gauchisme. Confondant l'effet et les causes, on veut faire croire aux Français que le retour en arrière et le splendide isolement sont possibles. Ils ne sont ni possibles ni souhaitables et ne correspondent d'ailleurs pas au génie de la France.

Comme toute l'Europe, la civilisation française est prométhéenne, elle est construite pour et par le progrès et la croissance, elle est vivante par son universalisme.

Alors que le niveau de vie de l'Occident n'a que marginalement augmenté de l'Antiquité à la Renaissance, il a été multiplié par dix des années 1870 à aujourd'hui. Cette prodigieuse croissance s'explique par l'accumulation de capital humain et physique et par l'augmentation de la productivité. Le processus de croissance est finalement simple : tout ce qui freine l'accumulation de capital et la progression de la productivité bloque l'augmentation du niveau de vie. Dans la mesure où l'ouverture des marchés oblige les entreprises et les États à mieux utiliser les capitaux et les hommes, elle favorise l'accumulation de capital et la progression de la productivité.

L'ouverture de l'économie est donc la garantie non seulement du maintien mais du progrès de notre niveau de vie.

Aussi faut-il distinguer dans le grand mot de « mondialisation » ce qui appartient au fait, objectif et positif, et ce qui ressortit de l'idéologie, biaisée et dangereuse.

En effet, parallèlement à l'ouverture des économies, s'est développée une idéologie tendant à faire croire que, pour s'adapter à la mondialisation, il fallait cesser d'être ce que l'on est, abolir les Nations et tendre vers la standardisation et l'uniformisation selon les modes américaines. Cesser de faire et de manger des « jambon-beurre » pour ne plus jurer que par des hamburgers, renoncer à la gastronomie française pour communier dans la « world food ». Les industriels et les créateurs français qui ont fait fortune en pénétrant les marchés mondiaux avec leur propre spécificité répondent avec éloquence à cette vision étriquée de la mondialisation.

Je crois très profondément que la conjonction du nationalisme et de l'étatisme n'a été qu'une phase transitoire et aujourd'hui révolue du développement des Nations, de même que le fédéralisme européen a été une piste inadaptée au cheminement du monde.

Les rigidités étatistes et les constructions politiques abstraites sont les unes et les autres condamnées par la mondialisation. Celle-ci ne condamne en revanche nullement la Nation.

La Nation peut être le cadre optimum, comme disent les économistes, d'une insertion efficace dans la concurrence internationale à condition qu'elle ne soit pas le cadre conservateur d'archaïsmes étatistes dépassés mais qu'elle permette des réformes globales au service de la compétitivité de notre économie et du dynamisme de notre société.

Dans ce grand mouvement du monde, l'Europe est déjà dépassée, les Nations européennes non. Les classes politiques européennes sentent confusément l'énormité du contresens qu'elles sont en train de commettre et que soulignent les opinions des jeunes, bien plus intéressés par le monde que par l'actuelle construction européenne.

En effet, la création d'un État de grande dimension est au cœur du projet politique du fédéralisme européen. L'hypothèse sous-jacente, considérée comme une évidence par les fédéralistes, est qu'un très grand État est toujours plus efficace économiquement, militairement et politiquement qu'un État de dimension plus réduite. Aussi ne cesse-t-on de nous répéter que la France est trop petite.

Pourtant, on observe depuis quelques décennies une tendance générale à la diminution de la dimension moyenne de toutes les organisations privées et publiques. L'analyse économique montre qu'il existe une taille optimale des organisations, fonction des conditions technologiques et notamment de celle de l'information et de la communication, et que celle-ci est variable dans le temps. La suprématie des organisations géantes a pris fin avec la première moitié du XXe siècle, dans les années 70. La construction d'un très grand État en Europe est un projet obsolète, inadapté au XXIe siècle, inadapté à la mondialisation.

L'erreur de nos dirigeants est donc une erreur intellectuelle. Entre ceux qui voient dans mondialisation et fédéralisme européen une filiation heureuse et ceux qui, rejetant les deux, se replient sur l'archaïsme, les vrais adeptes du nouveau millénaire sont minoritaires.

Après tout quoi de plus normal et n'en est-il pas ainsi à chaque grande mutation historique ? C'est parce que j'appartiens à cette minorité qui croit que la Nation continuera à s'épanouir dans la mondialisation que mon devoir est de convaincre.

Il faut donc cultiver les chances de la France, jouer à fond la carte du monde et le joker de la coopération entre Européens. C'est comme cela que l'on a réussi Airbus et Ariane. Par ses territoires outre-mer, son espace maritime, le rayonnement de sa langue, les capacités de sa diplomatie, la France a un rôle unique à jouer dans le monde.

La planète n'attend pas de nous que nous nous exprimions en anglais et que nous soyons les supplétifs de l'OTAN. Elle attend de la France cette vision singulière de l'universalisme, cette sonorité différente sans laquelle la symphonie du monde est moins riche.

Encore faut-il une volonté politique pour soutenir ce mouvement. On a par exemple laissé la francophonie sans moyens et sans ambitions dans le même temps que nous abandonnions nos amis africains. Nos centres culturels doivent retrouver dans le monde leur rayonnement. Cela passe notamment par une nouvelle politique d'affectation des personnels et je propose que nos écoles normales supérieures soient chargées de former, parmi leurs étudiants, ceux qui auront pour mission de faire rayonner la langue et la culture françaises.

On a laissé la diplomatie française péricliter vers un atlantisme de fait, tempéré par un « droit de l'hommisme » dont l'abstraction a désorienté nombre de nos amis traditionnels.

Dans la guerre du Golfe et ses suites, nous étions derrière les Américains, dans le conflit des Balkans, nous étions derrière les Américains et les Allemands, dans les procès d'intention je vois, au Parlement européen, la voix de la France se féliciter de ceux faits (par le politiquement correct qui règne dans cette Assemblée) à nos amis tunisiens ou ivoiriens. Nous n'avons plus de politique arabe, elle s'est réduite à un suivisme béat pour condamner, dans le cadre du terrorisme intellectuel des gauches européennes, le courageux peuple d'Israël.

La distinction traditionnelle entre les États et les régimes qui permettait à la France de jouer sur toute la gamme des relations internationales a disparu au profit d'une morale internationaliste au service des plus puissants, économiquement ou idéologiquement.

En un mot, il semble que la diplomatie française se contente de prendre désormais ses ordres soit à Washington, soit dans les colonnes du journal *Le Monde*. Elle en ressort, quelle que soit son inspiration, amoindrie, pire, inaudible.

Il est vrai que nos dirigeants n'ayant aucune vision prospective de l'avenir de la Nation, on ne sait par quel miracle ils auraient une politique étrangère.

Sans Nation, pas de politique, ni intérieure ni extérieure. L'axiome se vérifie tous les jours.

Une Nation fière d'elle-même redonnerait au contraire à la France sa chance dans la compétition internationale. Mes amis étrangers, chefs d'État ou responsables politiques importants, me disent tous la même chose, en Chine comme en Russie, comme en Afrique : quand la France sera-t-elle de retour ? Imagine-t-on le rôle qu'elle peut jouer pour, d'une main amicale, réintroduire notre vieil allié russe dans le jeu européen, pour mieux faire comprendre les positions de l'immense Chine, pour relancer la coopération avec le tiers-monde, criminellement réduite à la portion congrue ? Toutes ses cartes, la France les a biaisées pour jouer une partie européenne qui ne peut que lui échapper puisque les règles du jeu fédéraliste sont contraires à sa façon d'être fondamentale, celle d'un État-Nation.

En revanche, en retrouvant ses marges de manœuvre diplomatique dans une Europe confédérale, la France pourrait retrouver son rang et trouver chez ses voisins des partenaires partisans de politiques de développement et de coopération renforcées, notamment avec nos amis italiens, espagnols et grecs, pour une politique méditerranéenne absolument vitale pour notre avenir.

La France doit également prendre la tête d'une indispensable croisade en faveur du redressement démographique de l'Europe. Parmi toutes mes inquiétudes sur l'avenir, celle-ci me semble la plus certaine et la plus lourde de menaces induites. Sans doute est-ce pour cela qu'elle n'intéresse pas notre classe politique, lassée par avance, dans sa décadence de bas empire, de ce qu'il faut de lucidité et de volontarisme pour affronter ce difficile problème dont l'intérêt électoraliste n'a rien d'évident !

L'Europe, à l'ouest de l'Oural donc, comptait en 1914 450 millions d'habitants, soit 25 % du total mondial et 15,3 millions de naissances, soit 22 % du total mondial. C'est cette force du nombre qui avait fait la domination de la civilisation européenne sur le monde. Aujourd'hui, après deux guerres mondiales et une crise des valeurs latente, l'Europe a 685 millions d'habitants (11,3 % du total mondial) et 7,3 millions de naissances (5,1 % du total mondial).

Il naît deux fois moins d'Européens en 2001 qu'il n'en naissait en 1914. Sur la base 100 en 1900, la population européenne atteint l'indice 182 en 2000, alors que l'Asie est à 405 (916 millions d'habitants en 1900, 3,7 milliards en 2000), les Amériques à 565 (de 145,5 à 823 millions), l'Afrique à 750 (de 107 à 804 millions).

Malgré l'incertitude propre aux prévisions, on peut envisager que, dans l'hypothèse où la fécondité se maintiendrait durablement à son niveau actuel (1,4 enfant par femme alors que 2,1 seraient nécessaires pour simplement remplacer les générations) et en l'absence de flux migratoires importants, la population européenne connaîtrait une chute radicale de ses effectifs. Il y aurait 550 millions d'Européens dès 2050 et moins de 350 millions en 2099. À la fin du XXIe siècle, il y aurait donc moins d'Européens qu'au début du XXe !

Je décris une perspective et ne suis pas prophète. Mais comment pourrons-nous supporter une telle décroissance sans subir des crises économiques, sociales et politiques majeures ou une submersion du territoire européen par des populations venues d'Afrique et d'Asie ?

Que fait l'Europe fédérale, garante de notre avenir radieux, face à ce naufrage programmé ? Rien, absolument rien. Je ne trouve pas de preuve plus ahurissante de l'incompétence de nos dirigeants et du mensonge sur l'avenir que constitue cette pseudo-construction européenne-là.

Plus que la situation économique – le baby boom a commencé à s'amorcer en pleine guerre et bien avant les Trente Glorieuses ; le baby krach a précédé la crise économique de la fin du XXe siècle –, ce sont les modes de représentations sociales, les valeurs si l'on préfère, qui influent sur la fécondité.

Tous les démographes s'accordent à dire qu'il n'y a pas de fécondité haute sans familles stables et pas de redressement démographique sans politique familiale.

Or, en France, notre politique familiale, ou ce qu'il en restait, a été rognée par un gouvernement socialiste dominé par ses ressentiments envers une famille caricaturée en épouvantail contre la libéralisation des mœurs d'une société individualiste et féministe. Dans l'idéologie socialiste, le fantasme, qui repose sur l'opposition binaire (ombre-lumière ; droite-gauche ; progrès-réaction ; liberté-sécurité ; liberté-famille, etc.), tient lieu de réalité.

Ce renoncement à la politique familiale n'a fait qu'accélérer les effets négatifs du recul de l'âge des premières naissances et de la montée du nombre des divorces.

Le gouvernement s'en fiche comme de la première chemise rouge de son Premier ministre. Mme Aubry, péremptoire (pléonasme ?), déclarait qu'« elle ne ferait pas une politique nataliste », confirmant que le sectarisme est le visage politique de la sottise fière d'elle-même. Mme Guigou, alors garde des Sceaux, qui avait pour préoccupation première de fortifier l'installation de la liberté sexuelle hors de la famille, faisait merveille pour le Pacs et ne faisait rien pour réformer positivement le droit de la famille.

Dans le politiquement correct, certains noms vont avec certains adjectifs : la gauche est généreuse, la droite égoïste ; le nationalisme est fasciste (s'il est français), le nationalisme est progressiste (s'il est américain du Sud, canaque ou corse). Toute langue a ses pièges et ses subtilités : l'Europe est moderne, la Nation est archaïque ; et la famille est nécessairement « traditionnelle ».

Est devenue ainsi une vieille survivante, potentiellement réactionnaire, ce qui n'est qu'une cellule naturelle à la base de toute société et garante de son devenir. À cet égard, comme souvent, les positions caricaturales d'une certaine droite, effectivement archaïque et à qui on a laissé un temps le monopole de la défense de la famille, n'ont fait que servir la gauche.

Mais les faits sont têtus et le diagnostic commence à être posé, dans sa triste réalité, des conséquences de cette destruction de la famille, se marquant le plus souvent par des enfants privés de la présence régulière de leur père.

Les professionnels en contact avec les jeunes ont, les premiers, dit leur inquiétude. Les enseignants, a priori ce ne sont pas les tenants des valeurs réactionnaires, ont expliqué qu'ils ne pouvaient tout assumer, tout réparer, tout remplacer. On ne peut pas, en effet, éduquer des enfants qui n'ont pas reçu de leur milieu familial les données élémentaires de la morale personnelle et collective. Les psychologues et les pédopsychiatres multiplient les constats gravissimes : comportements à risques, accidents fréquents, violences subies et violences infligées à autrui, dépressions et suicides sont plus nombreux dans les foyers monoparentaux et surtout dans les ménages recomposés. De même, policiers et magistrats assistent au défilé effarant des jeunes délinquants sans repères moraux ou dotés de repères « barbares » dans lesquels la violence est le vecteur du respect.

Quel est le devoir de l'homme d'État ? Taire ces vérités de peur que des parents se reconnaissent et, vexés, se détournent de lui ? Ou bien dire les choses non pas pour culpabiliser des gens dépassés par leur époque mais pour montrer la nécessité d'une autre politique ? Pour moi, on l'aura compris, le choix est clair et je ne me laisserai pas enfermer dans l'autocensure que génèrent si souvent les époques de décadence.

Je crois trop en la vie pour ne pas penser que la force de son évidence s'imposera à nouveau. Oui, les liens biologiques entre la mère et l'enfant et entre le père et l'enfant sont indéniables, inattaquables et inaltérables depuis la première cellule de l'embryon jusqu'à la mort. Oui, face à cela, les liens des couples sont terriblement fragiles. Alors, le devoir de la société est de tout faire pour préserver la transmission culturelle et affective que seule permet la cellule familiale.

Notre société a feint d'oublier ces vérités premières. Elle est hantée par leur spectre et elle est précipitée sur la pente du déclin, tandis que les soixante-huitards sont devenus grands-parents, souvent divorcés, souvent revenus de leurs illusions en contemplant les effets dévastateurs d'une révolution morale qui se voulait généreuse et pleine de vie alors qu'elle n'était qu'égoïste et mortifère.

Transmettre la vie et avec elle la civilisation. Voilà le but de toute politique, le moyen en est la famille. Il ne s'agit pas de rétablir un « ordre moral » qui n'est plus de saison et qui n'a pas de raison. Il s'agit de faire une politique familiale, parce que la politique n'a rien à voir avec la vie privée des individus mais a beaucoup à faire pour la famille qui est une réalité politique, et même la première d'entre elles. C'est cette priorité naturelle que j'entends remettre au premier plan de la politique de la France.

Dans une France démographiquement dynamique, l'immigration sera un moindre problème car un migrant s'intègre mieux dans une population locale en croissance que dans une population vieillissante.

Mais avant qu'une politique familiale restaurée ne fasse ses effets, il faut regarder en face et résoudre le grave problème de l'immigration.

Nous sommes confrontés, en France et en Europe, à un accroissement spectaculaire de la pression migratoire. L'immigration régulière représentait 100 000 arrivées par an en France en 1995, 150 000 aujourd'hui ; durant la même période, les demandes d'asile ont doublé et atteignent les 40 000 (500 000 en Europe).

En fait, asile et immigration irrégulière sont difficiles à distinguer. Désormais, en effet, presque tous les immigrants clandestins formulent une demande en vue de devenir réfugiés, au détriment d'ailleurs de la bonne gestion des dossiers des véritables persécutés. Les clandestins sont au moins 5 millions dans l'Union européenne.

Les causes du phénomène sont bien connues. Outre la déstabilisation géopolitique de certaines régions du monde, l'immigration repose sur le mouvement mécanique qui fait aller les populations des zones pauvres vers les zones riches et, comme le dit l'historien Pierre Chaunu, des

pleins, dynamiques démographiquement,
nondes vides. Nous cumulons richesse et
démographique, ils cumulent pauvreté et
humaine. Le flux est inévitable.
ınt qu'on ne fait rien pour l'éviter ! Tan-
1,7 milliard d'habitants dans le monde
ec moins de un dollar par jour, les politi-
coopération se sont effondrées et l'Afri-
amment, a été abandonnée à elle-même.
et français de la coopération a chuté d'un
ıs M. Jospin et les transferts de revenus
ys développés et tiers-monde, qui étaient
des revenus nationaux des pays riches il
te ans et qui devaient atteindre 1 % en
0, sont aujourd'hui inférieurs à 0,3 %.
on européenne reste à l'égard de l'immi-
dans un parfait conformisme idéologique.
mission soutient l'idée d'une relance de
ation en Europe sans la moindre consi-
pour les problèmes d'intégration, de
e et de retournement possible de la
ture. Les États multiplient les politiques
de régularisation des clandestins, d'exten-
regroupement familial, de quasi-arrêt des
ıres de reconduites à la frontière (une sur
ement est mise en œuvre par le gouverne-
spin). Les transferts de compétence, sur
stions d'immigration, à l'Union euro-
contenus dans le traité d'Amsterdam, ne
ıe renforcer cette tentation au renon-

train-là, les cités ghettos et les zones de

non-droit (que le ministre de l'Intérieur lui-même comptabilise à plus de deux cents sur le territoire français) vont connaître une terrible germination.

Je propose trois axes pour une nouvelle politique en matière d'immigration.

Premièrement, c'est le plus important et le plus vital, il faut un renouveau complet des politiques de coopération. Notamment la coopération vers l'Afrique doit devenir une grande priorité, et même une grande cause nationale. En aidant l'Afrique, nous nous aidons nous-mêmes. Comment nos dirigeants ne voient-ils pas cette évidence ? Faut-il que l'égoïsme empêche à ce point la capacité de comprendre ? Cette aide doit atteindre 1 % de notre richesse nationale – c'est ce que je fais, en proportion, dans mon département, depuis plus de dix ans – et il faut qu'elle soit négociée avec les États africains qui doivent, en échange, prendre toutes les mesures nécessaires pour retenir leurs populations sur place par la création d'emplois et le contrôle des départs.

Il ne saurait être question de donner simplement de l'argent. Mais il faut, comme nous le faisons, identifier les projets et les réaliser ! Sait-on que notre département a déjà fait creuser plus de mille puits, c'est-à-dire a apporté de l'eau à autant de villages. Il est temps de sortir des conceptions paternalistes et unilatérales de la coopération. Celle-ci doit désormais reposer sur la base d'un partenariat et d'une aide réciproque : nous vous aidons à vous développer, vous nous aidez à contrôler vos flux migratoires. Dans ce même contexte, il faut revenir sur le droit au regroupement familial : un travailleur, a fortiori un étudiant, n'ont pas vocation à s'installer définitivement en France ; l'intérêt du pays d'origine est qu'il y retourne et qu'il le fasse profiter de l'expérience et des connaissances acquises durant son exil.

Deuxièmement, il convient de lutter, comme je l'avais fait en 1986-88 et 1993-95, sans complexe, contre l'immigration irrégulière. Le droit à l'immigration n'est écrit nulle part pas plus que le devoir d'accueillir les clandestins. Les mouvements migratoires sont d'autant plus forts que les politiques européennes sont laxistes, c'est une loi mathématique.

Il faut envoyer les signaux clairs de notre fermeté : demander à nos partenaires du système Schengen de renforcer le contrôle de la frontière extérieure et, si nous ne sommes pas satisfaits, la France doit rétablir les contrôles à ses propres frontières comme le permet d'ailleurs explicitement la convention de Schengen. Prendre les empreintes des demandeurs de visas pour identifier les clandestins qui détruisent leurs papiers. Mettre en œuvre les reconduites à la frontière. Aligner la loi française sur le régime de nos voisins en matière de rétention administrative des clandestins pour allonger celle-ci. Sanctionner très lourdement les employeurs de clandestins et les organisateurs des filières d'immigration car il n'y a aucune pitié à avoir envers ces odieux trafiquants d'êtres humains. La simple mise en œuvre de cette énumération changerait la donne.

Troisièmement, enfin, l'intégration des étrangers. La France est un merveilleux pays d'accueil qui a fait d'excellents patriotes de générations d'Italiens, de Polonais, de Portugais, d'Espagnols, de Belges, d'Algériens, etc. Elle semble avoir perdu aujourd'hui le sens de cette magie qui lui faisait rendre les Méditerranéens ou les Slaves plus gaulois que les Celtes.

Si la France intègre moins bien, c'est pour deux raisons convergentes. Elle ne croit plus assez en elle-même, elle n'est plus assez fière d'elle-même et elle ne demande plus aux étrangers cet effort vers la France sans lequel il n'y a ni assimilation ni intégration possibles.

Comment voulez-vous qu'un fils d'immigré se mette au garde-à-vous devant le drapeau si on ne hisse pas ce drapeau et si les Français de souche n'en sont pas fiers ? La passion de la France s'est délitée en mauvais esprit antinational ou en mauvais esprit hypernationaliste. Gauchisme et lepénisme sont les deux maladies jumelles d'un patriotisme en crise.

Français, redevenez patriotes et vous entraînerez avec vous les immigrés ! En tout cas, ceux qui veulent aussi être fiers d'être français. En revanche, les étrangers qui ne respectent pas nos lois doivent être immédiatement expulsés. L'immigré a le droit de vivre dans la dignité ; c'est pour cela et pour lui aussi qu'il faut rétablir l'ordre dans les écoles et dans les cités. L'immigré a le devoir de respecter notre sol et ses lois : l'étranger délinquant, la République ne peut pas l'accepter.

Tenons la balance égale entre la générosité – de la coopération avec les pays d'accueil au respect des droits des étrangers – et la fermeté – de la lutte contre les clandestins à celle contre les délinquants – et la France redeviendra une terre d'accueil sereine, j'en suis persuadé. Il conviendrait d'ailleurs de formaliser cet équilibre retrouvé par un contrat qui lierait chaque migrant à la société d'accueil, décrirait les droits et les devoirs réciproques, solenniserait l'entrée sur le territoire comme le ferait ensuite, pour ceux qui choisiraient définitivement la France, une cérémonie de citoyenneté dont l'ex-étranger partagerait le privilège avec tous les jeunes Français atteignant l'âge de dix-huit ans.

Ce n'est qu'en faisant le pari de la France que l'on gagnera la partie de l'immigration et que l'on évitera les ghettos, les communautés séparées, puis affrontées, et le pays déchiré dont la terrible perspective s'ébauche déjà dans les faits divers du quotidien.

7

Monde.fr

Mes collaborateurs connaissent mon exigence et mon impatience de voir avancer les choses. Elles touchent, j'en suis conscient, à la maniaquerie lorsqu'il s'agit des sites Internet de nos différentes activités, Conseil général, RPF, groupe UEN, université Léonard-de-Vinci, etc. Ils ne sont jamais assez performants, assez lisibles, assez novateurs, assez faciles d'accès à mon goût.

Je l'ai dit, je suis fasciné par cette nouvelle technique de communication. Car j'aime tout ce qui concerne la connaissance et l'échange. J'ai toujours beaucoup aimé les bibliothèques parce qu'elles respirent le calme et la concentration sur l'étude et parce qu'on peut croire que l'on va tout y trouver. Hélas, la recherche bibliographique est souvent longue et parfois décevante quand l'ouvrage vient à manquer. Internet renouvelle cette fascination ancienne et me donne la satisfaction de la proximité et de la rapidité, après une phase d'apprentissage que j'ai maîtrisée avec l'aide attentive et bienveillante de nos petits-fils.

Je suis donc un de ces douze millions d'internautes que compte la France, ce qui fait à peu près le quart de la population en âge de se connecter. Les technologies de l'information, c'est-à-dire tout ce qui permet la transmission des données (Internet, téléphonie mobile, satellite, etc.), sont d'évidence stratégiques pour notre avenir. Elles créent et détruisent des entreprises et des emplois, elles permettent la diffusion de la culture et génèrent de nouvelles formes d'art, elles conditionnent une partie de la transmission du savoir, elles envahissent la vie privée, elles créent une nouvelle fracture entre « info-riches » et « info-pauvres ».

Économie, culture, éducation, famille, société : les nouvelles technologies entrent dans tous les champs de la vie de la nation et des citoyens et donc dans celui du politique. Ce dernier doit s'en saisir, sous peine de tomber sous la coupe d'une nouvelle technocratie de spécialistes. S'en désintéresser serait aussi inconcevable qu'un prince de la Renaissance se moquant de l'existence nouvelle de l'imprimerie. De même que la Réforme est fille de l'imprimerie, que Luther et Calvin n'eussent pas existé sans Gutenberg, de même Internet est porteur de profondes mutations qu'il nous faut comprendre. Ces technologies hautement stratégiques sont un défi évident pour la souveraineté nationale qu'elles semblent faire voler en éclats. Internet semble être une sorte d'autoroute de la mondialisation. Il est vrai qu'il véhicule bien des contre-valeurs flattant les bas instincts, voyeurisme ou pornographie. Il est vrai que dominent les valeurs américaines, monnaie, langue, mode de vie, vision du monde et que les errements de la nouvelle économie peuvent laisser dubitatifs.

Mais, comme toujours en matière de mondialisation, distinguons le fait de l'idéologie. L'erreur fatale et rétrograde serait d'opposer ces nouvelles technologies à l'exception française. Il faut, bien au contraire, se battre pour nos valeurs non pas contre Internet mais sur Internet.

Ici comme ailleurs, il existe une place pour la volonté politique. Il est encore possible de réagir à la supériorité technologique américaine, d'utiliser ces technologies pour renforcer et réformer l'État, y défendre la langue et la culture françaises et en faire une des clefs de la croissance économique.

Dans ce domaine, l'hégémonie américaine atteint les proportions inquiétantes d'un véritable impérialisme. Les États-Unis dominent l'industrie du logiciel, absorbent 45 % du trafic mondial d'Internet et comptent plus de 150 millions sur 400 millions d'internautes dans le monde.

La supériorité technologique américaine menace notre indépendance politique et militaire. Le programme « Échelon » est un système d'espionnage généralisé de toutes les communications (téléphonies, fax, messages électroniques) capable d'intercepter 2 millions de communications à la seconde et de traiter l'information à partir de mots clés. « Échelon », dirigé par la

National Security Agency américaine, compte parmi ses membres, outre les États-Unis, quelques pays anglo-saxons dont le Royaume-Uni. Le Parlement européen, saisi notamment par mon groupe, a escamoté la commission d'enquête et a banalisé au maximum ce Watergate planétaire.

Le gouvernement français a été d'une inertie diplomatique qui, pour être devenue coutumière, n'en a pas moins été remarquable. Il faut mettre nos amis britanniques en face de leurs responsabilités et de leurs contradictions. Ils doivent choisir entre leur appartenance au réseau « Échelon » et leur participation à un système de défense européen. De même cette affaire met-elle en question la présence britannique dans la définition d'une politique industrielle et technologique européenne et dans celle des standards et des protocoles en matière de télécommunication et de protection du secret industriel.

Là encore, faute d'un débat préalable sur l'indépendance de l'Europe, les politiques de l'Union européenne ne peuvent qu'être ambiguës et inefficaces.

La France doit conduire le refus de la « gouvernance » autonome de l'Internet, qui en ferait un continent indépendant, sans lois autres que celles librement acceptées par les internautes, sans impôts et sans contrôle démocratique par les États. La prétendue « autorégulation » – résumée par la formule de Dave Clark : « Nous rejetons les rois, les présidents et le vote. Nous croyons dans le consensus et les règles évolutives », qui camoufle la mainmise américaine sur le réseau – doit être résolument combattue.

C'est la mission de la France de mettre les gouvernements devant leurs responsabilités, de réclamer un renforcement de la présence des États non anglo-saxons, notamment des pays du Sud, dans les instances et organisations internationales chargées de gérer le développement d'Internet, de peser dans les négociations internationales pour défendre ses vues et ses valeurs culturelles.

Cela passe par un renforcement préalable de notre présence sur le réseau ; un baromètre en est le nombre de sites dont le nom se termine en « .fr ». Il est actuellement ridicule : 80 000 contre 2 400 000 pour l'Allemagne et 250 000 pour la Suisse ! et il est urgent de réformer le fonctionnement bureaucratique de l'AFNIC, organisme public qui attribue les noms de domaine en « .fr ».

La supériorité technologique américaine met également à mal notre indépendance économique. Un grand constructeur informatique américain impose ses logiciels, son système d'exploitation, cœur des ordinateurs, et son navigateur Internet. Outre la rente de situation de ce monopole abusif qui empêche la libre fixation des prix, les entreprises françaises subissent un colonialisme technologique : elles fabriquent des produits appliquant les standards américains, et nos ingénieurs et nos techniciens sont formés à exploiter les outils américains.

Il appartient à la France de favoriser l'émergence de tous les standards informatiques autres que le standard dominant en encourageant le recours aux « logiciels libres » et en promouvant une politique de coopération européenne en la matière.

Il n'y a, a priori, aucun lien entre le florissement de l'Internet et le dépérissement de l'État. La libre impression de la Bible n'entraîna pas le dépérissement de l'Église sauf lorsque Savonarole fit brûler les livres.

Internet a besoin de l'État comme l'État a besoin d'Internet. Sans État, Internet deviendrait effectivement une jungle dénoncée par certains et souhaitée à mots couverts par d'autres. Les grandes entreprises mondiales elles-mêmes sont demandeuses de clarté et de sécurité juridiques dans les territoires où elles mènent leurs activités. Et ce sont bien les États, eux seuls, qui garantissent l'existence d'une norme juridique effective.

Certes, les nouvelles technologies remettent en cause les modalités d'action de l'État, non son principe. Elles sont autant d'outils efficaces de réforme, de renforcement et d'allégement de l'État. Les bonnes intentions du gouvernement en la matière se heurtent aux habitudes d'une bureaucratie dont il encourage par ailleurs la lourdeur. Il est évident que les nouvelles technologies ne pourront s'épanouir que dans un État allégé !

Le gouvernement socialiste a commis une

lourde erreur en lançant le concept de « corégulation », tout aussi néfaste que l'autorégulation. Outre son ambiguïté, la corégulation implique un abandon par l'État de son rôle normatif au profit d'une cogestion avec les acteurs dominants qui veulent organiser Internet à leur profit. Au contraire, chacun doit être dans son rôle : lorsque les utilisateurs d'Internet, comme tous les citoyens, respectent la loi et l'ordre public, l'État ne s'occupe pas de leur organisation associative, syndicale ou professionnelle.

L'État doit être lui-même un utilisateur exemplaire des nouvelles technologies. Les élus doivent prendre la tête du changement, c'est la mission que j'ai confiée dans les Hauts-de-Seine à mon premier vice-président, André Santini, dont l'intérêt pour les nouvelles technologies et la compétence sont unanimement reconnus. Autant la démocratie directe électronique est une utopie qui aboutirait à un émiettement des responsabilités et à une instabilité absolue des décisions, autant la démocratie représentative assistée par les technologies de l'information est possible et souhaitable. Il nous faut des élus, et un effort de formation y pourvoira, capables de dialoguer avec leurs électeurs par courrier électronique, pour informer, rendre compte, recueillir des suggestions.

Pour les administrations, Internet (vers les citoyens) et Intranet (en interne) deviendront des outils de travail quotidiens. Aussi faut-il revoir la circulation de l'information pour gérer le processus hiérarchique, la prise de décision, les visas de contrôle, la publication des décisions générales ou individuelles. Cela sera aussi une façon de redéployer les moyens de l'État : les militaires, les policiers, les infirmiers, les professeurs ne seront jamais « virtuels », même si les technologies sont importantes pour eux, mais bureaux et services pourront être allégés tout en renforçant la présence de l'État sur le terrain. De même, l'effort entrepris pour publier sur Internet notre législation, nos règlements, formulaires et décisions officiels sera accéléré.

Internet est un mode de publication rapide, commode, bon marché. C'est un formidable outil de transparence et de proximité. Il ne produit un monde cloisonné, virtuel, égoïste que si ses utilisateurs sont tels alors qu'il peut être au service de la citoyenneté et de la solidarité.

Relève également de la responsabilité de l'État le renforcement des moyens de la police consacrés à la cybercriminalité aujourd'hui dramatiquement insuffisants face à l'explosion de l'espionnage industriel, le piratage d'équipements informatiques, la violation du droit de la propriété artistique ou industrielle, la propagation de virus. Dans sa mission également doit figurer la mise en valeur des potentialités d'Internet comme outil de déconcentration, de décentralisation et d'aménagement du territoire. Les réseaux mondiaux mettent brutalement en concurrence des territoires qui risquent la désertification s'ils ne possèdent pas suffisamment d'infrastructures ;

ceci implique une ambitieuse politique d'équipement des régions en « réseaux à haut débit ».

L'État doit garder la maîtrise de ses interventions sur l'Internet, vital pour sa pérennité. Aussi faut-il refuser tout transfert de compétence vers des autorités indépendantes ou vers l'Union européenne, tentation fréquente lorsque apparaissent de nouveaux secteurs. Ce serait d'ailleurs idiot puisque l'État abandonnerait ainsi des domaines modernes valorisants et dynamisants pour lui-même pour s'étonner ensuite de son archaïsme. En revanche, face à la puissance américaine, la nécessité d'une coopération entre États européens est une évidence pour affronter des problèmes qui dépassent les frontières comme la cyberdélinquance ou les coordinations fiscales et sociales.

Pour faire face à la domination écrasante des produits anglo-saxons dans le cinéma et l'audiovisuel, la France a créé la notion d'exception culturelle : les biens culturels ne sont pas des marchandises comme les autres et n'appartiennent pas totalement au secteur concurrentiel. Ainsi le système d'aide au cinéma a-t-il permis de sauver le cinéma français.

Non seulement les biens culturels véhiculés par Internet ne doivent pas être exclus de l'exception culturelle, mais ils en sont probablement l'avenir. Demain, les autoroutes de l'information, dont Internet n'est que l'ébauche, permettront d'acheminer rapidement des images et des sons de très grande qualité, donc des films et des programmes télévisés. Il faut se battre pour que l'exception culturelle soit reconnue sur Internet sous peine que la domination culturelle américaine ne soit bien pire demain qu'elle ne l'est aujourd'hui.

L'Internet culturel est l'un des nos points forts. La bataille entre deux conceptions est engagée. Pour les Européens, priorité aux contenus ; pour les Américains, priorité aux tuyaux. Pour la gagner, il faut encourager et aider la création en langue française sur Internet, je crois même utile de favoriser la création en langues latines, grâce à une coopération privilégiée avec nos amis méditerranéens, pour saisir l'opportunité de l'accès à Internet des peuples autres qu'anglo-saxons.

La bataille pour la langue et la culture françaises ne se distingue pas de celle du multimédia, elle suppose défense des droits d'auteur, accélération de la numérisation du patrimoine et préoccupation à l'égard du secteur éducatif.

L'Éducation nationale a entrepris un effort d'équipement qu'il faut compléter par une amélioration de l'encadrement et de la méthode. Les enfants doivent être guidés et suivis dans leur découverte de ce nouveau monde sous peine de les laisser tomber dans de multiples pièges : affaiblissement de la langue et de l'orthographe, perte de temps devant des sources non hiérarchisées ou sujettes à caution, manque d'esprit critique devant des documents de propagande.

Internet est un monde de données brutes qui

nécessite une grille de lecture conçue par des adultes avertis, sans même parler des aspects illégaux comme la prolifération de sites pédophiles. Contre ceux-ci mon groupe a entrepris au Parlement européen une action qui a semblé chagriner les parangons du nouvel ordre moral qui fait de la marge la règle et de la monstruosité une liberté individuelle !

Enfin, il importe de faire de ces nouvelles technologies une des clefs de notre croissance économique. On estime qu'elles entrent pour 0,6 à 1,6 point par an dans la croissance avec une potentialité de création de 500 000 emplois en trois ans. Aussi faut-il aider toutes les entreprises, y compris celles de l'industrie classique, à intégrer les technologies de l'information dans leur environnement.

Cela passe par une formation adaptée dont bénéficient ingénieurs et commerciaux issus de l'Université que j'ai créée et qui dispose par ailleurs d'un institut du multimédia tout à fait à la pointe du secteur. Cela passe par la création d'un cadre juridique et fiscal adapté pour éviter fuite des cerveaux et délocalisation des emplois.

De ce point de vue également, l'économie socialiste, que nous subissons, est totalement contre-productive. Si la loi sur les 35 heures est un handicap pour quasiment toutes les entreprises françaises, c'est une catastrophe pour celles qui travaillent sur ou pour Internet. Une telle distorsion de concurrence est insurmontable sur un réseau mondial qui est aussi un gigantesque marché du travail. Il convient d'y mettre rapidement fin.

Il nous faut également encourager les secteurs clés. Priorité est à donner au développement de l'accès aux réseaux de télécommunication par la concurrence et la baisse des coûts, à la redéfinition des procédures d'attribution des licences de téléphonie mobile, à la sécurisation du commerce électronique.

Ni adversaire ni allié de la France, Internet est un champ de bataille sur lequel se joue une partie de l'avenir de la Nation. Domination américaine ou rayonnement français et européen ? La réponse n'appartient à aucun déterminisme technologique. Elle tient tout entière dans notre capacité à innover, à inventer, à s'adapter comme dans toutes les périodes historiques de changement.

Ma conception de la souveraineté est ouverte et offensive. Avec Internet, la France est présente partout dans le monde et possède suffisamment d'atouts pour retourner à son avantage la mise en concurrence des territoires, provoquée par les réseaux mondiaux, et pour attirer sur son sol compétences et entreprises étrangères.

Les problèmes que pose Internet sont comparables au statut juridique des océans. Certaines eaux ont un statut d'eaux territoriales, les États y sont souverains et y font appliquer leurs lois. Sur les eaux internationales, des conventions permettent de régler les situations juridiques et la coopération entre États permet de les appliquer.

Dans certaines zones d'Internet, des individus

ou des groupes parviennent effectivement à s'affranchir des lois. Mais si la France contribue à imposer le principe selon lequel aucune responsabilité ne doit être enlevée aux États, les pays de la vieille Europe sauront coopérer pour faire d'Internet un espace stabilisé, sécurisé juridiquement, porteur de croissance économique, vecteur de réforme des administrations, et permettant de véhiculer la diversité des langues et des cultures.

La France a un message singulier à faire passer sur Internet. Cet instrument universel convient parfaitement à sa vocation universaliste. Oui, décidément, la France n'est pas mondialiste, la France a une vocation mondiale.

8

Le danger et la vie

Les destins collectifs sont comme les destins individuels, ils sont faits de continuité et de moments de bascule. La vie est en équilibre sur le danger. Chacun a en mémoire ces moments où « cela a failli arriver » : rencontres, amours, choix de carrière, vocations, accidents, etc.

Je me souviens d'un autre épisode de ma jeunesse au maquis. Notre groupe lance une opération armée contre l'occupant, on embarque dans le camion bâché. Notre chef m'interdit d'y monter ; trop indiscipliné, je n'ai pas à décider moi-même. Je renâcle. Je feins de m'éloigner et profite d'un moment d'inattention pour me cacher au fond du camion. Il se met en route, quelques tours de roue, pari gagné... Et non. Le même chef vient, me fait descendre et m'engueule avec un sourire que je vois encore en face de mes yeux. Je n'ai jamais revu mes camarades de combat qui devaient trouver la mort dans un village, quelques heures plus tard, à Gourdon, dans un affrontement avec les troupes allemandes.

Dans ce frémissement la vie est tout entière. Il ne m'a jamais quitté et j'ai gardé le souci du goût du risque équilibré par le sens du raisonnable, qui ne doit jamais être celui du confortable.

Dans une vie désormais plus longue et mieux protégée, la conscience collective repousse la maladie, la grande vieillesse et la mort dans les marges de la société. Et il faut de vigoureuses campagnes pour essayer de sensibiliser les comportements aux risques de la drogue, du tabac ou de la route.

Nos concitoyens, parce qu'ils ont conscience des progrès de la civilisation, mettent ainsi au premier rang de leurs exigences la sécurité. Sécurité policière comme sécurité environnementale, sécurité juridique comme sécurité alimentaire. Et c'est bien ce sujet qui les préoccupe aujourd'hui et qui sera déterminant pour l'élection présidentielle prochaine.

Les Françaises et les Français souffrent de la montée de la délinquance. Ils en souffrent directement par les méfaits qu'ils subissent et ils en souffrent collectivement par le sentiment d'inquiétude de plus en plus répandu qui gangrène notre civisme.

Il est vrai que la réalité est totalement édulcorée par les pouvoirs publics. Nombreux sont les citoyens lassés et dissuadés qui ne déposent plus plainte pour des atteintes à leur bien ou qui, pire encore, ne vont pas au commissariat ou à la gendarmerie par peur des représailles. J'estime aujourd'hui, avec nombre de spécialistes de la question, qu'il faut multiplier par cinq les crimes et délits comptabilisés officiellement, ce qui fait de la société française une société plus insécure que l'épouvantail américain que l'on nous brandit souvent pour essayer de nous rassurer.

J'ai été à deux reprises, chacun le sait, ministre de l'Intérieur et j'y ai gagné une certaine crédibilité sur ces questions. Je partage les sentiments de la population et j'accuse nos gouvernants de non-assistance à Français en danger.

Les moyens, que la loi que j'avais fait voter en 1995 prévoyait, font cruellement défaut aux forces de l'ordre. Cela me rappelle ma dernière arrivée place Beauvau, en 1993, en tout début d'exercice budgétaire pourtant, quand les voitures de police n'avaient plus d'essence pour faire leurs rondes. Au manque de moyens matériels s'ajoute une terrible erreur en matière de personnel : en recrutant massivement, dans le cadre des emplois jeunes, des adjoints de sécurité, on a mis sur le terrain des pseudo-policiers, sans expérience, sans formation, sans pouvoir et qui coûtent autant que des policiers stagiaires sortant des écoles de police.

Mais plus encore que matériel, le désarroi des forces de police est moral. On ne compte plus les voyous multirécidivistes relâchés après leur dixième, trentième ou cinquantième agression. On ne compte plus les faits divers dans lesquels on voit des commissariats attaqués par des petits caïds qui veulent libérer un des leurs et des policiers mis en examen ou incarcérés parce qu'ils ont fait usage de leurs armes.

L'inversion des valeurs n'a que trop duré, il faut que la peur change de camp : qu'elle gagne les délinquants et que les honnêtes gens en soient libérés !

J'ai déjà décrit le lent délitement moral qui nous a conduits à ces aberrations qui frappent d'ailleurs en priorité les plus pauvres, les plus faibles et les plus démunis. La mort d'un honnête homme laisse indifférent, la mort d'un voyou suscite manifestations, émeutes et grands titres de la presse bien-pensante. Qu'un agresseur ou qu'un émeutier soit blessé par un policier ou un gendarme apparaît comme une formidable atteinte aux droits de l'homme ! Nos républicains auraient-ils oublié la pensée des Lumières et les théories sur la violence légitime de l'État ? Pourquoi continue-t-on d'armer les forces de l'ordre dans ce cas ? Pour mieux les tourmenter ?

Dans le rapport entre la loi et son viol délibéré, les équilibres sont rompus. C'est pourtant dans le domaine de la délinquance que les remèdes sont à la fois les plus connus et les plus dépendants d'une réelle volonté politique.

La première mesure à prendre est de casser les noyaux durs de la délinquance. Dans les quartiers dits difficiles, il y a toujours quelques individus qui ont atteint un stade extrême de violence et de haine, leur extrémisme magnétise toute une jeunesse sensible au culte de la violence et en mal de repères. Ainsi se forment, autour du noyau, des cercles concentriques de délinquance plus ou moins influencés par leur centre. Ces atomes de violence s'entrechoquent souvent entre eux, ce sont les affrontements de bandes, mais ils trouvent leur légitimité et le fondement de leur extension dans leur affrontement avec les symboles de l'autorité. Il y a un rapport de progression géométrique entre la faiblesse des réactions de l'autorité et la force de la délinquance. Pour le modifier et pour désagréger ces noyaux durs, il faut sortir les délinquants multirécidivistes de leurs quartiers et les envoyer, pour une véritable rééducation morale, dans des centres fermés où exercices sportifs et civiques leur donneront les repères qu'ils n'ont jamais eus. Peu importe les cris d'orfraie de la technostructure judiciaire et sociale, ce n'est pas elle qui a en charge la définition de l'intérêt national. Une modification profonde de l'ordonnance de 1945 sur la jeunesse, une exemplarité des peines, notamment pour les atteintes à l'autorité de l'État et les attaques contre les policiers, les gendarmes, les pompiers, les professeurs, etc., changeront la donne.

Cela suppose aussi des moyens supplémentaires pour la justice, une capacité pour elle de juger rapidement avec la mise en place de procédures accélérées pour les atteintes à l'ordre public.

Le plus scandaleux dans cette privation de leur première liberté, celle d'aller et de venir, que subissent les Français, c'est que les remèdes existent, sont connus et répétés par tous ceux qui affrontent cette délinquance, et que l'on ne fait rien ! Les Français peuvent-ils élire à la fonction suprême des responsables qui ont montré leur incapacité, pour ne pas dire leur lâcheté, politique dans cette dimension décisive ? Je ne le crois pas.

C'est la même politique de l'autruche qui menace l'unité du pays et en fait une proie potentielle du terrorisme. La politique menée par M. Jospin en Corse, comme l'étourdissant silence de M. Chirac, a été un déni de la République. Chacun connaît ma position et je serai bref. En cédant tout ce qui était essentiel aux yeux des nationalistes – la suppression du bidépartementalisme, l'apprentissage obligatoire de la langue, la capacité législative –, on a cru acheter la paix civile. Le gouvernement a seulement encouragé les extrémistes à aller plus loin et donc à continuer leurs pratiques d'intimidation et de violence.

La politique du gouvernement à l'égard de la Corse est à la fois illégitime et hypocrite. Illégitime, car la « méthode Jospin », si souvent autocélébrée, repose sur un solide mépris à l'égard de la représentation nationale, à laquelle il aura été préféré une assemblée de Corse dont les membres n'ont pas été désignés, encore moins mandatés, pour décider d'un tel accord. Hypocrite, parce qu'on a voulu duper tous les Français en même temps, corses ou non : que le gouvernement assume sa faiblesse et qu'il inscrive dans son projet de loi qu'il a engagé une démarche globale prévoyant, plus ou moins vite, avec des vocables plus ou moins clairs, le retrait de la Corse de la communauté nationale.

Le vrai ressort de cette folie réside dans le rapport schizophrénique que les socialistes entretiennent avec tout ce qui ressemble, de près ou de loin, à la colonisation. Ce traumatisme leur vient d'une double filiation contradictoire. Ils sont en effet à la fois les fils des grands meneurs de guerres coloniales, comme Mitterrand sous la IVe, de ces gens qui faisaient tout faire à notre armée en refusant d'en assumer la responsabilité mais en lui donnant rétrospectivement des leçons de morale, et les fils du gauchisme qui considèrent que tout nationalisme étranger doit être admiré et tout nationalisme français combattu.

Comme la France n'est que la construction patiente et volontaire d'une Nation par un État, un tel « anticolonialisme » peut nous conduire fort loin car je ne vois pas de terres qui ne furent pas conquises, peu ou prou, par nos rois et il conviendrait de réduire la France au Valois et à quelques pans d'Île-de-France !

L'unité nationale est la chose à la fois la plus fortement ancrée et la plus fragile dont nous sommes les héritiers. La pelote lentement rassemblée peut rapidement se dévider. Entre les communautarismes provinciaux comme celui qu'anime une minorité étroite en Corse et les communautarismes immigrés, notre pacte national se déliterait vite.

Or, cette unité est la première garante de notre sécurité, de même que le communautarisme porte en lui la violence voire la guerre civile.

La menace qui pèse sur l'unité nationale ce n'est pas la décentralisation, on l'a vu, c'est, au sens propre, la débilité de l'État et l'affaiblissement de la volonté de ses dirigeants.

Sans un État fort, qui assume pleinement ses missions régaliennes, donc qui assure l'ordre public, il n'y a pas de solution au problème récurrent de l'insécurité.

Faut-il, lorsque la sécurité de l'État elle-même est mise en cause par des actions extrêmes ou des crimes organisés qui déstabilisent toute la société, avoir recours au châtiment suprême ? C'est une question grave, que l'on a censurée depuis 1981 au nom du politiquement correct mais que l'on doit se poser.

J'y ai beaucoup réfléchi. Sur un plan philosophique, je reste persuadé, avec Beccaria, de la nécessaire hiérarchie des délits et des peines qui n'a de sens que lorsqu'elle est complète et je suis chagriné de penser que dans la lutte entre le Bien et le Mal, entre la loi et le crime, l'un possède une arme dont l'autre est privé.

La violence légitime de l'État, sans laquelle il n'y a pas de théorie démocratique possible, n'est-elle pas incomplète, donc délégitimée, sans la peine capitale ? On ne peut esquiver la question.

Sur un plan plus moral, je l'avoue, je suis profondément choqué que les crimes les plus odieux, notamment ceux qui conduisent des enfants au supplice, laissent leurs auteurs libres de recommencer après une peine de prison qui n'est jamais définitive.

Là encore, le devoir du responsable est de dire ce qu'il croit et non pas de complaire à la pseudomorale du moment. En conscience, mon choix est fait, mais il appartiendra, le moment venu, au peuple tout entier de donner enfin son avis sur cette question.

Quelle que soit la fermeté affichée par l'État dans sa lutte contre le crime, elle a besoin d'être accompagnée par des politiques d'ensemble qui sont des nécessités sociales.

Je suis partisan d'une répression ferme et ciblée et d'une prévention ambitieuse et globale. L'école, on l'a dit, a tout son rôle à jouer. Mais il faut aussi agir sur le cadre de vie de nos cités, c'est ce que je fais dans les Hauts-de-Seine où des quartiers entiers ont totalement changé de physionomie grâce au « Pacte 92 », vaste chantier de rénovation urbaine et d'humanisation sociale auquel nous aurons consacré près de un milliard de francs en dix ans !

Dans *La Légende des siècles,* le temple d'Éphèse dit : « Le peuple en me voyant comprend l'ordre et s'apaise... Je suis la vérité bâtie en marbre blanc. » Nos constructions, architecturales, culturelles ou intellectuelles, disent trop rarement la beauté et l'ordre et répètent trop souvent la laideur et l'anomie. Or je crois que l'homme a l'instinct du beau et du bon et que notre rôle est de l'éduquer et de le nourrir.

Cela s'appelle croire en une civilisation et lui donner les moyens de rayonner. On peut construire des collèges, des lycées, des facultés, des logements qui soient beaux, cela coûte un peu plus cher au départ, moins cher ensuite car ces locaux sont respectés. On peut avoir des ambitions pour notre télévision, notre radio, nos sites multimédia autres que la violence et la flatterie des bas instincts, ce combat-là se gagne dans les premières années de la vie ! L'initiation à la beauté et au bien est une vaccination durable de l'âme.

Toute notre politique, éducative comme urbaine, culturelle comme matérielle, doit s'imprégner de cette « défense et illustration » de notre civilisation.

Je préfère décidément celui qui croit nos jeunes de banlieue capables d'entendre le temple d'Éphèse à celui qui l'incite à taguer ses colonnes. Je préfère décidément celui qui apprend à nos enfants le goût des bonnes choses à celui qui détruit des McDo.

Ce pari sur le beau et sur le bon n'a une chance d'être gagné (si la victoire était certaine, les civilisations ne seraient pas mortelles) que si nous renouons avec l'idée de progrès.

Avez-vous remarqué comme le mot a disparu du discours politique ? On consolide, on préserve, on défend, on modernise, on mondialise, mais on ne progresse plus. Or, c'est toute notre société qui est fondée sur cette idée que l'effort individuel et collectif est justifié par l'espoir que la vie de nos enfants sera meilleure que la nôtre, qui était meilleure que celle de nos parents, qui..., etc.

Dans les idées répandues – « le cancer nous tuera tous », « la planète court à sa perte », « la nourriture nous empoisonne », « le nucléaire nous menace » et j'en passe – apparaissent à la fois l'exigence globale de sécurité dont nous parlions et la défiance grandissante à l'égard du progrès, donc de la science.

Sur tous les grands sujets qui devraient nous mobiliser et qui décideront de notre avenir, un profond fossé s'est créé entre celui qui décide ou qui devrait décider et celui qui connaît. Ce fossé sépare tout autant la vie quotidienne des citoyens et le monde politique que la vie scientifique et les ministères.

De multiples causes peuvent expliquer ce regrettable phénomène : la concentration des politiques sur l'électoralisme de courte vue ; les effets de mode ; le médiatiquement rentable ; les comportements de cour et d'entourage qui favorisent les pseudo-intellectuels au détriment des vrais chercheurs, comme les abbés de cour chassaient jadis les vrais hommes de foi ; la technocratisation de la formation des élites au détriment de leur formation scientifique ou tout simplement humaniste.

Tous ces phénomènes cumulés ont conduit à un véritable écran entre le politique et la connaissance qui entraîne de lourdes conséquences pour l'avenir de notre pays. Je veux déchirer ce voile pour qu'enfin la décision publique soit guidée par l'intérêt général qui ne peut se concevoir que par une juste anticipation des problèmes que notre nouveau siècle devra affronter et dont je prendrai deux exemples : la sécurité alimentaire et la sécurité énergétique.

Dans ces rapports avec le monde scientifique, j'ai toujours été privilégié par ma curiosité aussi démesurée que mon appétit de comprendre. Et, je l'affirme d'expérience, lorsqu'on veut aller à la source de la connaissance, on peut le faire ; le monde des savants n'attend pas autre chose du politique qu'il aille vers lui.

Ainsi dès ses prémices, l'épidémie de vache folle a mobilisé mon attention. J'ai rencontré les plus grands biologistes qui m'ont expliqué qu'il existait des tests permettant de détecter la présence du prion fatal sur les bovins abattus de plus de deux ans. Deux tests américains, un suisse et un français sont disponibles ; le plus performant est le nôtre. La France peut le développer à un niveau industriel moyennant quelques investissements mineurs et la pratique systématique de ce test aurait pour conséquence de garantir une parfaite sécurité alimentaire, en matière de viande bovine, pour une hausse minime des prix, de quelques francs du kilo, que le consommateur serait tout à fait prêt à payer en échange de cette garantie. Bien entendu, nous avons été incapables de l'exploiter et avons concédé le brevet à une société américaine. Il nous est revenu sous le nom de Biorad. Je revois la tête du médecin de biologie médicale du CEA de Fontenay à l'origine de cette découverte quand il m'expliquait notre incapacité à l'utiliser.

De même, la recherche nous éclaire-t-elle de façon précise sur les dangers des organismes génétiquement modifiés et sur les limites qu'il convient de donner à leur extension.

Fort de cette certitude scientifique, j'ai lancé avec l'appui de mon groupe au Parlement européen une bataille pour que ce débat sur la détection de la vache folle ait lieu. J'ai constaté, effaré, que j'étais le seul responsable à posséder correctement le sujet. Lorsque j'ai expliqué au représentant du Conseil, qui, hélas, était un ministre socialiste français dont je tairai le nom par charité, qu'il fallait donc faire des tests sur tout le bétail, il m'a répondu, d'ailleurs avec une certaine morgue et sur le ton de l'évidence tranquille, que ce n'était pas possible parce qu'il y avait trop d'animaux. En France, me dit-il, « on ne peut pas faire vos tests sur 30 millions de bovins ». Aussi incroyable que cela paraisse, j'ai dû lui expliquer que l'on faisait les tests sur des animaux à l'abattoir, donc à leur entrée dans la filière alimentaire, et non pas sur les animaux qui paissaient dans les prés !

On ne s'étonnera pas ensuite de l'improvisation affolée des politiques face aux crises de santé publique. Je donnerai d'ailleurs comme mission au ministre de la Recherche – qui devra être un scientifique de haut niveau ou un humaniste au sens classique du mot, les deux termes sont souvent synonymes – de tenir le gouvernement, les administrations et la population informés des possibilités d'application de la recherche au service du progrès général. Il constituera à cette fin autour de lui un comité pour l'application de la recherche qui réunira des représentants de toutes les disciplines et qui sera délibérément tourné vers cette utilisation de la science pour le bien. Par exemple, je suis frappé de la trop faible mobilisation qui empêche qu'au début du troisième millénaire, dans un pays comme le nôtre, la douleur n'ait pas été éradiquée.

La bonne utilisation de la science, n'est-ce pas finalement la vraie politique écologique ? Un défi majeur, peut-être le plus vital avec celui qui concerne la démographie, réside dans notre capacité à résoudre l'apparente contradiction entre croissance des besoins en énergie et préservation de l'environnement de la planète.

C'est en faisant évoluer l'équation : développement = énergie consommée = pollution que l'on retrouvera le sens du progrès. Chacun comprend, sauf ceux qui réduisent abusivement l'équation à développement = pollution, qu'il faut trouver un facteur qui permette une énergie à la fois puissante et propre.

Depuis l'origine de l'homme sur la terre, le progrès est, en effet, intimement lié à sa capacité à développer la production d'énergie. Il n'y a pas de croissance de la consommation, donc de sortie de la misère pour les pays les plus pauvres, sans croissance corrélative de la production énergétique. Depuis l'invention du feu, ce postulat a toujours été confirmé. Pas de révolution économique médiévale sans l'invention du moulin à eau, pas de révolution industrielle sans charbon puis sans pétrole, pas de nouvelle révolution industrielle sans nucléaire. Toute notre civilisation, je le redis, renvoie au mythe de Prométhée qui est lui-même une parabole sur la maîtrise de l'énergie au service du progrès.

Or, dans les cinquante prochaines années, c'est-à-dire l'horizon de vie d'une simple génération, celui dont les chefs d'État d'aujourd'hui ont la responsabilité, la population mondiale, malgré une légère baisse de la fécondité moyenne, va augmenter de près de 50 %. Énergie, progrès et qualité de la vie formant une trilogie indissociable, au cœur des revendications légitimes du tiers-monde ; cette croissance de la population mondiale conduit, de façon mécanique, à une augmentation de la consommation énergétique globale, indépendamment de la politique conduite par les pays industrialisés.

L'opinion publique est aujourd'hui consciente du fait que les émissions de gaz à effet de serre produits par l'activité humaine entraînent des modifications climatiques et environnementales majeures et néfastes. Il y a souvent dans le bon sens populaire (est-ce une sorte d'instinct collectif ?) une capacité à anticiper les dangers ; les conversations courantes ne sont-elles pas aujourd'hui pleines des atteintes à la couche d'ozone, du réchauffement de la planète, des catastrophes climatiques à répétition voire du mauvais présage que constitua la grande tempête qui a précédé l'avènement de l'an 2000 !

Sans initiative volontariste, la pollution connaîtra une hausse inéluctable avec un effet cumulatif qui rendra sa maîtrise d'autant plus incertaine que l'inaction aura perduré. Nos enfants ont pour seule alternative de partager les ressources connues aujourd'hui et donc limiter la croissance, c'est-à-dire réduire la qualité de la vie sur la planète, ou de trouver de nouvelles ressources, notamment énergétiques.

Toute activité humaine est polluante et dangereuse, tel est le balancement entre le danger et la vie, mais rien n'arrêtera la volonté humaine d'agir, sauf à renoncer à l'idée même de progrès et, dans ce cas, pourquoi vivre ? Il faut donc continuer à produire de l'activité en minimisant la pollution induite. Pas de vie sans activité, pas d'activité sans pollution, mais pas de source de vie sans préservation de l'environnement : voilà le paradoxe qu'il nous faut résoudre.

Le devoir du politique c'est de poser clairement le problème et de le résoudre à partir de vérités objectives. Cela veut dire concrètement que ce n'est pas en brûlant plus de pétrole, de charbon ou de gaz que l'on trouvera la solution de notre paradoxe.

Le pétrole, le charbon ou le gaz ne pouvant pas être le support du développement mondial ; l'électricité et l'hydrogène étant les sources les plus propres ; les énergies renouvelables, le solaire en particulier, certes valables pour les pays du Sud, n'étant pas suffisantes pour couvrir l'immensité des besoins, le verdict des faits est incontournable : il faut faire appel au nucléaire.

Il ne s'agit pas d'être pour ou contre le nucléaire, il s'agit de bien comprendre que sans nucléaire, nous irions vers une impasse énergétique, ou plus exactement qu'il nous faudrait condamner soit l'environnement, soit le développement de notre planète.

Cela étant dit, et il faut le dire avec force pour ne pas s'engager dans un faux débat, il faut être également conscient du fait que le nucléaire du XXIe siècle ne peut pas être celui conçu dans les années 40 du XXe et qu'il nous faut tourner une page.

Il nous faut « changer de nucléaire », pour employer une expression simplificatrice, à cause des peurs suscitées par les accidents de type

Tchernobyl, des risques de prolifération, de la fin programmée de l'approvisionnement en uranium, du problème des déchets.

Il faut regarder en face cette question des déchets nucléaires de longue durée en notant au passage que les déchets de l'industrie chimique, des millions de fois plus volumineux, ont une durée de vie infinie.

Si on ne peut nier la nécessité de disposer d'installations de stockage de matières nucléaires pour réguler notamment les approvisionnements avant utilisation, on ne peut pas faire admettre à l'opinion publique que l'on va maintenir sous surveillance les mêmes dépôts pendant des milliers voire des millions d'années !

Comme toujours en matière de décision publique, la démagogie, quand ce n'est pas la désinformation, vient obscurcir le débat et retarder les évolutions indispensables.

C'est avec colère que j'entends les voix qui s'élèvent pour renforcer les peurs et les utiliser sans apporter aucune solution raisonnable. Le parti des Verts est tout particulièrement coupable à cet égard. Les Verts s'emploient à vendre le mythe d'une énergie renouvelable suffisante qui pourrait remplacer toutes les sources polluantes ou dangereuses et s'épuisent à stigmatiser l'électricité d'origine nucléaire décrite comme le mal absolu.

Les Verts entretiennent un fonds de commerce électoraliste, fondé sur la peur du nucléaire. C'est cette démagogie-là qui a guidé l'itinéraire politique des leaders du parti Vert, la manifestation antinucléaire étant une sorte de rite initiatique. C'est cette démagogie-là dont l'ombre plane sur tout le gouvernement, communistes exceptés, et qui nous fait accumuler les retards. À la réflexion, je ne vois pas de parti plus hostile à l'idée de progrès, donc philosophiquement plus réactionnaire, que les Verts. Leur fonctionnement purement idéologique leur permet de nier l'évidence, notamment celle qui fait du nucléaire une énergie concentrée et non polluante, donc de loin la mieux adaptée à la société urbaine qui s'étend dans le monde entier.

Certes, les économies d'énergie sont nécessaires, certes les biomasses, les éoliennes et autres apports mineurs doivent être utilisés, mais ils ne sauraient apporter une solution crédible aux problèmes énergétiques de la planète. Il suffit de se rendre en Chine (ce que je fais régulièrement) ou en Inde pour en être convaincu. En Chine, le développement prévu multipliera par sept d'ici 2030 la demande d'énergie. Pour satisfaire ses besoins, pour sortir son grand peuple de la misère et de la faim, la Chine devra soit brûler le charbon dont elle est riche, avec la pollution considérable que cela entraînera, soit construire deux cents centrales nucléaires, c'est-à-dire quatre fois le parc nucléaire français actuel. Cela devrait permettre à chaque Chinois de consommer seulement la moitié de l'énergie consommée par un Français aujourd'hui.

Pour être objectif, il faut également dire que

la peur du nucléaire a été alimentée par certains comportements des autorités en charge de cette énergie. Ce que l'on appelle communément l'establishment nucléaire a entretenu pendant des décennies une politique délibérée du secret qui a renforcé la suspicion, il a prétendu que la physique nucléaire n'avait plus de découvertes majeures à faire et que le statu quo suffisait à régler tous les problèmes énergétiques de la planète. On a trop longtemps ignoré ou feint d'ignorer les problèmes liés à la fin du cycle, c'est-à-dire celui des déchets. On a trop longtemps ignoré ou feint d'ignorer les risques d'excursion en puissance dus à une défaillance humaine ou technique qu'ont révélés les accidents de Three Miles Island et de Tchernobyl.

La peur ainsi engendrée a été amplifiée par des mouvements d'opposition plus ou moins bien intentionnés et a donné aux pseudo-écologistes un pouvoir de nuisance exorbitant. La polarisation d'une partie de l'électorat contre le nucléaire, source de tous nos maux, a rendu impossible l'examen impartial de l'avenir.

La démagogie et le suivisme de la classe politique face au lobby Vert, la peur de n'être pas politiquement donc écologiquement correct ont empêché l'émergence du moindre élément tendant à montrer qu'il existe une solution scientifique au problème des déchets.

Je crois que les choses sont sur le point de changer. Si l'effet de serre n'est pas encore suffisamment présent dans l'inconscient collectif pour ébranler le mythe du démon nucléaire, la prise de conscience des risques climatiques et environnementaux devrait conduire à reconsidérer la problématique « énergie, développement, environnement ». Une fois encore, le bon sens ne dessert pas le progrès ; pour simplifier à l'extrême, quand la peur de l'effet de serre l'aura emporté sur la peur du nucléaire, le débat sera éclairci.

En attendant que cette reconsidération impartiale de l'intérêt primordial du nucléaire soit possible, il serait particulièrement irresponsable de détruire les fondements de notre indépendance énergétique au profit d'une mystérieuse source d'énergie renouvelable dont les Verts connaîtraient le secret. Des années d'investissements, de recherche, de développement d'un outil industriel exemplaire ne doivent pas être condamnées pour satisfaire des besoins de démagogie électorale.

Il est plus que temps de réagir. La France aurait tort de croire que sa position dominante est acquise pour toujours. Les grands pays industrialisés qui ont laissé s'affaiblir leur industrie nucléaire pourraient bien se réveiller au moment où la France entame son lent et inexorable processus de démantèlement. Personnels compétents dans la recherche et dans l'industrie non remplacés, marché de centrales nucléaires quasi inexistant, absence de réel programme feront bientôt sentir leurs effets. Je prends date ici. Et que dire de la responsabilité de l'exécutif dans ce fatal processus ?

La libéralisation du marché de l'électricité à laquelle nous assistons va induire un effet pervers qu'il convient d'avoir à l'esprit. En effet, l'électricité, dont le prix ne sera plus fixé par l'État, va devenir une commodité au même titre que les produits pétroliers. Les coûts de production du nucléaire étant liés aux investissements en recherche et développement, ils ne pourront plus rivaliser avec les coûts de production infiniment moins coûteux fondés sur d'autres énergies. On ne pourra jamais demander aux industriels de choisir d'effectuer des investissements à trente ans pour des centrales nucléaires alors que des investissements à cinq ans pour des centrales thermiques, bien plus polluantes, permettront d'envisager des profits immédiats susceptibles de rassurer les actionnaires.

L'enjeu est de taille. Il est politique, économique, écologique, scientifique et industriel. Doit-on suivre la loi du profit de court terme jusqu'à sacrifier nos acquis industriels ? L'énergie nucléaire, qui est la moins polluante, doit-elle, pour satisfaire le politiquement correct, céder la place aux énergies fossiles responsables en grande partie de l'effet de serre ?

Notre avenir dépend de notre capacité à maintenir, là comme ailleurs, la recherche au plus haut niveau compatible avec nos ressources, comme le font les États-Unis et le Japon.

Il est temps pour l'État et le gouvernement de prendre leurs responsabilités et je demande aux Français de bien vouloir également juger les deux candidats sortants à la présidentielle à l'aune de ces problèmes.

J'ai démontré, en organisant il y a quelques mois un colloque à Paris avec les plus grands scientifiques mondiaux, que l'on connaît des solutions à long terme pour un nucléaire sûr et propre. Personne parmi nos dirigeants et notre personnel politique n'avait cru utile de se déplacer ! Grâce à leur indigence, je suis passé aux yeux de mes amis scientifiques comme le seul homme politique français capable de consacrer du temps à écouter des Prix Nobel et à converser avec eux. C'est, sur l'instant, flatteur pour l'ego mais c'est surtout inquiétant pour notre classe politique.

En effet, à partir du programme fondé sur l'ADS (*Accelerative Driven System*) ou amplificateur d'énergie, le nucléaire peut résoudre le problème de ses déchets, il peut fonctionner à partir de ressources minérales abondantes et il ne pourra pas connaître d'exploitation à des fins non pacifiques, c'est-à-dire que l'on peut ainsi lever les trois hypothèques qui pèsent sur le nucléaire tel que nous l'avons connu jusqu'ici. C'est une formidable perspective.

La France et l'Europe ne peuvent pas ignorer l'existence de cette voie nucléaire nouvelle alors que les grands laboratoires spécialisés dans le monde, dont j'ai rencontré les éminents représentants, sont déjà mobilisés dans cette course technologique.

Comme il faudra cinq à dix ans pour mettre en place cette nouvelle filière énergétique, il faut prendre sans délai la décision de construire un prototype de démonstration. Si les Français me le permettent, je la mettrai en œuvre dès 2002.

Nous en avons les moyens scientifiques, financiers et humains. Il aura fallu moins de six ans aux Alliés, dans les années 40, pour passer d'un simple concept à la production nucléaire, avec les moyens de l'époque. Et aujourd'hui, alors que nous disposons de formidables moyens de calcul, d'énormes potentiels dans nos laboratoires scientifiques et dans nos industries, nous sommes incapables de transformer un projet reconnu par la communauté scientifique en prototype. Pourquoi ? Parce que les décideurs – méritent-ils d'ailleurs ce nom ? – politiques ne veulent pas savoir et n'ont pas plus de capacité à comprendre l'avenir que de courage pour décider.

Avec ce nouveau nucléaire, que j'entends promouvoir, nous serons à l'abri des risques en matière d'approvisionnement énergétique, nous engagerons l'humanité tout entière dans la maîtrise d'une énergie non polluante et nous démasquerons, au passage, les faux écologistes qui, en agitant l'épouvantail nucléaire, font prospérer les sources majeures de pollution.

Les sombres perspectives tracées par les spécialistes du climat et de l'environnement, les besoins énormes du tiers-monde, c'est-à-dire le bien-être quotidien de milliards de femmes, d'hommes et d'enfants, nous commandent d'agir autrement que par des vœux pieux dans des conférences internationales.

En ouvrant cette voie nouvelle, la France – et l'Europe avec elle – rendrait un service éminent à la planète entière ; toutes deux auraient à nouveau œuvré pour la civilisation et pour le progrès ; elles garantiraient également, on y revient toujours, leur indépendance énergétique sans laquelle il n'y a pas d'indépendance politique.

9

Du sang et des larmes

J'avais choisi de ne pas parler de terrorisme dans ce livre. Dans mes ouvrages précédents, j'y avais consacré un chapitre. Cette fois, bien que persuadé de la pérennité et de l'actualité de la menace, j'avais pensé inutile que l'on m'accuse de dramatiser la campagne présidentielle. Le mardi 11 septembre, au moment où ce livre venait d'être terminé, le drame a montré l'inanité de nos scrupules. L'Amérique est agressée, son système de défense bousculé, ses services de renseignements dépassés, la capacité de riposte limitée. C'est, comme toujours dans ce genre de circonstance, inattendu et terrible !

Comme tout le monde, je bascule, en ce début d'après-midi, du quotidien à l'Histoire, de la tranquillité à l'inquiétude. Au fil des heures, entre deux commentaires télévisés, l'odieuse attaque contre les États-Unis fait remonter des moments intenses à ma mémoire et je me remémore le drame auquel nous avons nous-mêmes échappé.

Noël 1994 : le directeur de mon cabinet au

ministère de l'Intérieur, Édouard Lacroix, m'apprend par un coup de téléphone que des terroristes se sont emparés d'un Airbus d'Air France sur l'aéroport d'Alger. Je rejoins immédiatement Paris et mon bureau. Commencent alors les discussions et les tractations avec les autorités algériennes. Il serait normal qu'elles règlent le problème de cette prise d'otages sur leur sol. Nous sommes prêts à les y aider. J'obtiens le prépositionnement aux Baléares du groupe d'intervention de la gendarmerie nationale (GIGN). Les autorités algériennes refusent notre intervention pour des raisons liées à leur souveraineté.

Après deux assassinats de passagers et d'intenses discussions, d'un commun accord après l'intervention du Premier ministre Edouard Balladur, autorisation est donnée au décollage de l'avion pour Marseille-Marignane. Dès ce moment, j'obtiens qu'une fois sur notre sol l'avion ne puisse plus décoller. Des informations en provenance d'une source fiable nous indiquent que la cible des terroristes est Paris, leur intention étant de faire exploser l'avion sur la capitale. Les gendarmes du GIGN, revenus d'urgence, prennent position à Marignane. Ordre est donné au préfet de région, Hubert Blanc, de faire préparer l'assaut. Il faudra gagner du temps pour le préparer. Je donnerai moi-même le top quand tout sera prêt sauf imprévu. Dans ce cas, le préfet prendra la décision sur place. Auparavant, il faut gagner du temps et faire croire aux terroristes que nous allons céder à leurs demandes. Après plusieurs heures de palabres, les preneurs d'otages ont compris que nous ne céderions pas, ils déplacent l'avion vers la tour de contrôle et ouvrent le feu. Nous craignons qu'il ne le fasse exploser. Deux coups de feu sont tirés vers la tour. Alors, conformément à mes instructions, l'assaut est donné.

Les ultimes secondes, l'attente, la prière pour nos hommes et pour les passagers : ces moments où plus rien d'autre n'existe, où le temps s'arrête, où l'on sent sa barbe pousser. L'assaut victorieux, la libération des otages, la libération tout court : ces moments où le vide succède au trop-plein, où la joie vous submerge, où vous pourriez cesser de vivre en restant en paix.

Ensuite, vient le temps du bilan où l'on mesure la part de la chance, le rôle des hommes, les temps où le destin hésite. On se félicite alors de disposer d'unités d'élite comme le GIGN pour la gendarmerie et le RAID pour la police nationale, d'avoir pu compter aux deux bouts de la chaîne sur des préfets d'une qualité humaine et professionnelle exceptionnelle comme ceux que j'ai cités. Alors vient la question politique essentielle : dans ces moments de crise majeure, l'État apparaît dans toute sa nécessité. Là est l'épreuve de vérité de sa force ou de sa faiblesse, là apparaît le risque : faute de se consacrer à ses missions essentielles, un État obèse et inefficace n'est plus capable d'assurer la sécurité du territoire.

De 1986 à 1988 comme de 1993 à 1995, mes deux expériences place Beauvau n'ont cessé de me confronter au terrorisme. En mars 1986, je n'avais pas encore pris possession de mon bureau lorsque je me rendais sur les lieux du dramatique attentat des Champs-Élysées. De la mise hors d'état de nuire d'Action directe à l'Airbus de Marseille en passant par les otages du Liban, sans compter la prise d'otages des enfants de la maternelle de Neuilly, la lutte n'a jamais cessé. Je ne reviendrai pas sur ces événements que j'ai déjà évoqués ailleurs, notamment dans un chapitre de *Que demande le peuple* où je rends l'hommage qu'ils méritent à mon ami Jean-Charles Marchiani et aux services de police. Mais j'y trouve la confirmation d'une conviction : l'Histoire est tragique et le rôle de l'homme d'État est de se tenir prêt à faire face.

Chacun a compris que l'agression sans précédent du terrorisme islamiste contre les États-Unis est un événement historique qui annonce pour le monde libre de grandes épreuves. Chacun a compris que la formule que l'on m'a tant reprochée, « terroriser les terroristes », est la bonne réponse. Pour être appliquée elle suppose quelques conditions : qualité des services de renseignements, volonté inébranlable des responsables politiques, civisme des populations, coopération des États.

En faisant une confiance excessive à la technologie, en minorant le facteur humain, en privilégiant l'économique au détriment du politique, les services américains ont commis des erreurs qu'ils sont capables de corriger mais qui pèsent lourd sur le court terme. J'ai connu moi-même des services français totalement démobilisés par le manque de moyens et par l'absurde laxisme qui avait conduit à libérer des individus suspectés d'être en relation avec des entreprises terroristes, et aussi à multiplier les distinguos entre « bon » et « mauvais » terrorismes. La leçon n'est pas encore universelle puisque j'ai entendu, après le drame américain, quelques bonnes âmes de gauche (pléonasme !) réfuter l'idée de lutte entre le Bien et le Mal. Si la démocratie n'est pas le Bien et le terrorisme le Mal, comment fonder une quelconque morale ?

Dans des situations de guerre, l'ennemi, a fortiori lorsqu'il est fanatique et prêt à tout, mesure votre peur et fonde sur elle l'ampleur de son audace.

Face au terrorisme, toute faiblesse, tout doute, tout sentiment d'infériorité, tout complexe intellectuel ou moral est une faute qui autorise le crime. Dans ce moment de vérité-là, la démocratie démontre qu'elle peut être le support d'un État fort ou elle meurt.

On ne choisit pas d'être Churchill ou Chamberlain, Clemenceau ou Deschanel, de Gaulle ou Pétain, on est un homme d'État ou on ne l'est pas et les circonstances servent de révélateur. Je pensais à cela lors de la réunion extraordinaire du Parlement européen qui a suivi le drame américain. Même cette Assemblée spécialisée dans l'impuissance était conduite par les événements à durcir son message, à se rassembler et à se mobiliser. Mais ce n'est pas elle ni la Commission européenne qui conduiront la riposte, c'est la coopération entre les services de police des différents États. On frémit rétrospectivement à l'idée que ces matières puissent être confiées à un service supranational de technocrates alors que le renseignement est efficace quand il conjugue les savoir-faire, les réseaux, les styles des différents services. Il n'est peut-être pas d'exemple plus flagrant de ce qu'apporte une coopération des Nations et ce que fait perdre une unité fédérale artificielle.

Dans ces moments de doute, de douleur et d'inquiétude, les peuples se tournent vers leurs dirigeants politiques. Le peuple français regarde alors le président de la République et attend de lui courage, lucidité et fermeté. On juge la clef de voûte aux pressions qu'elle subit. C'est ce même regard que les Français doivent porter sur les candidats à l'élection présidentielle, demain comme après-demain, c'est cette même question qui doit les guider : est-il, ou est-elle, capable de défendre le pays dans la pire des épreuves ? C'est la seule question qui compte pour désigner le chef de l'État, chef des armées, détenteur de l'arme suprême.

Plus la crise est profonde, plus elle sert de révélateur. On peut relire les chapitres de ce livre à la lumière du drame qui vient de frapper, je crois que mes propositions pour la France sont à la hauteur des circonstances : la souveraineté, indispensable pour distinguer respect des alliances et refus des engrenages ; la coopération des Nations européennes, gage de l'efficacité de leurs politiques ; l'indépendance de l'Europe, qui renforce les chances de la paix et donne plus de prix et de sens à notre soutien aux États-Unis ; la nécessité pour l'État de disposer d'une violence légitime, sans même parler de l'évidence de la peine de mort pour les terroristes.

Face à la menace terroriste, il est urgent de mettre la France en ordre et de rendre à l'État sa force et sa volonté. Face à la menace terroriste, il est urgent de remettre à l'honneur la Nation et la fierté de ce que nous sommes. Les islamistes pensent que nous sommes en phase finale de décadence, sans foi et sans courage. Le sacrifice de leurs kamikazes qu'ils pensent être des martyrs exprime aussi leur mépris à notre égard.

Il y a donc une réponse collective au terrorisme, celle du civisme et, au-delà, celle de notre esprit de défense. Nous ne sommes pas moins résolus que le pire des fanatiques peut l'être à défendre ce que nous sommes, mais nous, nous le faisons en conscience et en hommes libres, et c'est pour cela que notre foi, religieuse ou laïque peu importe, est supérieure à celle du fanatisé. C'est cette supériorité-là qui assurera notre victoire. Il n'y a pas d'affirmation de l'être sans conscience de la mort, ce que nous sommes n'a de sens que par notre fin, là se fonde la morale. La démocratie est source de vie, c'est pour cela que nous sommes prêts à mourir pour rester libres car si nous ne le sommes pas, c'est que, déjà, nous ne sommes plus libres.

Ne doutons pas de la supériorité de la liberté, c'est d'ailleurs ce qu'exprime le patriotisme américain. Ne doutons pas de l'infériorité de nos ennemis car le fanatisme est inférieur au libre arbitre, car la barbarie est inférieure à la civilisation.

Je crois que les Français mesurent les enjeux et que c'est bien l'heure de vérité qui a sonné. En matière de politique de sécurité, cela passe évidemment par une nouvelle donne dont j'ai indiqué les axes indispensables. Nous devons être impitoyables avec les islamistes qui sont sur notre sol, les expulser et démanteler les dépôts d'armes qui se sont installés impunément dans nos banlieues. La communauté musulmane comprend d'ailleurs très bien la nécessité de cette fermeté ; elle sait, depuis l'Algérie ou l'Afghanistan, que la première victime de l'islamisme, c'est le musulman tranquille et tolérant. Tout le pari des extrémistes de l'islam est de faire basculer une communauté entière dans sa folie en la terrorisant d'une part et en suscitant d'autre part la haine contre elle grâce à l'assimilation islamisme-islam.

Pour déjouer le piège, il faut dans le même mouvement respecter nos amis musulmans et être impitoyables avec nos ennemis islamistes ; si nous cédons à la haine globale ou à la faiblesse nous aurons le même résultat, celui que recherchent les terroristes : transformer la guerre qui est engagée entre civilisation et barbarie en guerre de religions.

De lourdes épreuves sont devant nous. C'est en fondant notre courage sur l'affirmation de ce que nous sommes, une Nation libre et fière et qui veut le rester, que nous les surmonterons. Oui, quand la République est menacée, la faiblesse est interdite...

Mais en ce moment, confrontés à l'agression dont le peuple américain est victime, à ces milliers de victimes innocentes, à ces familles brisées, aux enfants devenus orphelins, aux parents qui ne reverront plus leurs enfants, à toutes celles et à tous ceux qui ont perdu un être cher, nous éprouvons une immense compassion. Il est clair que c'est la démocratie et la liberté qui sont menacées. L'essentiel est en cause.

Le peuple américain vient de démontrer par son patriotisme qui nous fait envie qu'il saura réagir.

Quant à nous, dans la lutte à mort qui s'engage contre le terrorisme, n'ayons aucune réserve. Occupons toute notre place.

Comme de Gaulle lors de la crise de Cuba, assurons les États-Unis de notre solidarité.

Épilogue

La nuit de Noël de l'an 2000, je suis entouré par ma famille proche, femme, enfants et petits-enfants, dans le désert au sud de la Tunisie. Nous contemplons, au sens que la contemplation doit prendre dans la spiritualité, le coucher de soleil puis l'immensité des étoiles. Je suis si heureux en cet instant d'émotion et de communion silencieuses.

Trop rares sont les moments où l'on prend le temps de la pure réflexion. Je m'y efforce et je bouscule régulièrement agenda et contraintes pour y parvenir. Dans ces moments-là viennent à l'esprit questions pratiques et questions métaphysiques, interrogations et solutions, doutes et affirmations dans un désordre apparent qui ensuite laisse voir sa cohérence.

Alors, comme face au désert et à la voûte céleste, a lieu ce mystérieux va-et-vient entre l'extrême humilité et l'ambition, entre le *vanitas vanitatum* et l'impératif de l'action.

C'est dans cet état d'esprit que j'ai écrit ce livre.

Je crois sincèrement que la conjoncture politique a peu pesé sur sa composition. Certes, je ne l'aurais sans doute pas écrit maintenant si l'élection présidentielle n'avait pas lieu dans quelques mois. Mais je veux dire que j'ai écrit ce que je pensais en choisissant quelques sujets décisifs à mes yeux. En allant au fond de mes convictions d'homme, j'ai même dû baisser un peu la garde de ma pudeur.

Les amateurs de catalogues, les recenseurs d'exhaustivité corporatiste seront déçus. Je ne parle pas à telle ou telle catégorie de Français et ceux que j'ai cités n'étaient là que pour illustrer mon propos ; je parle aux Français rassemblés pour un grand destin commun qui s'appelle la France.

Ceux qui attendaient des réactions aux ennuis que l'on essaie de me faire seront plus surpris encore. L'autorité judiciaire inscrite dans notre Constitution dérive vers un pouvoir judiciaire : c'est un signe parmi d'autres de la confusion des pouvoirs et de la paralysie des volontés que j'ai décrites. Pour le reste, le temps me donnera raison et l'entrave accessoire ne me détournera pas du chemin essentiel. J'ai même souri en lisant récemment cette phrase mise par Simenon dans la bouche du cher commissaire Maigret, que j'aime bien, ce qui ne surprendra personne : « Le simple fait de traiter un homme en suspect, de le convoquer, de questionner à son sujet sa famille, ses amis, sa concierge et ses voisins est susceptible de changer le reste de sa vie... »

Ce sourire m'a un peu surpris, je l'avoue, et m'a confirmé ce que me disaient mon âme et mon cœur : je suis, déjà, tout entier dans cette tâche dont on a essayé en vain de me détourner.

J'espère l'avoir servi par ce livre qui décrit un engagement qui me dépasse. Autour de cette volonté, j'organiserai la réconciliation des Français avec la France, sans laquelle rien n'est possible. Je demanderai à une équipe gouvernementale resserrée, dans laquelle les hommes politiques traditionnels seront très minoritaires, de consacrer toute son énergie et même un peu plus à cette ardente modernisation de la France, à ces passionnantes retrouvailles avec le progrès, l'ambition et l'indépendance car, très franchement, je ne vois pas la France sacrifier son destin en jouant avec une des nouvelles pièces qui circuleront hélas en 2002 : pile eurojospin ! face eurochirac ! Les Français ont une autre ambition.

Peut-être appartenait-il à un homme politique à qui l'expérience avait donné une certaine sagesse sans lui enlever ni la capacité de révolte ni le goût d'entreprendre, de rompre avec le système et de proposer aux Français de le suivre ?

Peut-être les blocages du pays et l'inconscience de sa classe politique étaient-ils tels que seul celui qui n'avait plus rien à perdre et qui était en paix avec lui-même pouvait indiquer la voie d'une Renaissance de la France et être entendu ?

Peu importe, finalement, pourquoi mais le fait est là. Il faut une volonté pour la France. Aux

Français de dire si ma volonté est à la hauteur des défis, des menaces et des espoirs qu'ils vivent dans ce pays que j'aime plus que tout. Aux Français et à eux seuls.

Table

Cet ouvrage composé
par Nord Compo
a été achevé d'imprimer sur Roto-Page
par l'Imprimerie Floch à Mayenne,
pour les Éditions Albin Michel
en octobre 2001.

N° d'édition : 20252.
N° d'impression : 52574.
Dépôt légal : octobre 2001.
Imprimé en France.